La Catrina

La Novela

La Catrina

La Novela

David Curland

University of Oregon
Eugene, Oregon

Scott Foresman
Addison Wesley

Editorial Offices: Glenview, Illinois • Menlo Park, California
Sales Offices: Reading, Massachusetts • Atlanta, Georgia • Glenview, Illinois
Carrollton, Texas • Menlo Park, California

1-800-552-2259
http://www.sf.aw.com

*The author would like to express appreciation to his friend
Professor Francisco García Tortosa of the University of Seville,
Spain, for his valuable suggestions.*

Illustrations by Stephen Snider.

20 V031 13

Table of Contents

◙ ◙ ◙

Capítulo 1
La aventura comienza

Todos los estudiantes de la escuela secundaria Northgate de Los Ángeles esperan el fin de año de muy buen humor. En todas las salas de clases se oyen bromas, risas y conversaciones animadas sobre lo que todos piensan hacer durante las vacaciones de verano.

En la clase de español, la maestra también bromea y a la vez da consejos muy buenos:

—El día de su graduación está cerca, y yo sé que todos están muy tristes, ¿verdad? Pero no vamos a olvidar nuestro español durante el verano. Por eso hay que hablar, practicar y leer en español, para no olvidarlo. A dos estudiantes de esta clase les va a ser muy fácil porque van a pasar el verano en México: ¡Jamie González y Philip Armstrong! ¡Buen viaje, Jamie y Philip, que tengan muy buen viaje! *All together:*

—¡BUEN VIAJE!

Jamie y Philip sonríen. Al oír su nombre, Philip, un muchacho alto y atlético de dieciocho años, se para. Con cortesía exagerada, inclina la cabeza hacia los otros estudiantes que aplauden y chiflan.

Al igual que Philip, Jamie se pone de pie y saluda a sus compañeros cuando la maestra anuncia su viaje. En sus ojos negros hay cierta dulzura. Su cabello, igualmente negro, es grueso y rizado. Como es una muchacha delgada y no muy alta, Jamie, aunque también tiene dieciocho años, parece más joven. Con una sonrisa cariñosa, mira a sus compañeros y murmura "gracias" por sus aplausos y felicitaciones.

Pero en la mirada de Jamie hay algo más que la simple anticipación de un viaje a un lugar diferente y con tanta historia como México. Es algo serio, complicado, secreto: una sombra.

—¡Se acabó la clase! —dice la maestra—. ¡Feliz verano!

Y todos los alumnos, incluso Jamie, salen riendo de la sala de clases.

Esa noche, Jamie se ocupa de hacer sus últimas compras, empacar sus cosas y dejar todo listo para su viaje al día siguiente. Por supuesto habla por teléfono con su mejor amiga, Rosie, quien le pide que le escriba desde México y que le cuente todo. Ya muy tarde, antes de acostarse, la muchacha se detiene frente a una foto antigua que está sobre el escritorio en su dormitorio. Después de unos momentos, saca su diario de su maleta y escribe.

Querido Diario:

Ya faltan sólo unas horas para mi viaje a México. ¡No puedo creerlo! ¡Mañana mismo, a estas horas, estaré en Querétaro, la ciudad donde la familia de mi padre tiene sus raíces! ¿Cómo será esa ciudad? Mi papá me ha contado que durante la Revolución su familia fue muy importante allí.

Pero es curioso. Ya no hay nadie de la familia de mi padre en Querétaro. Algo pasó y, <u>después de la Revolución, toda su familia salió de allí.</u>

¿Pero, qué habrá ocurrido? ¿Cómo habrán perdido su fortuna? Sé que tuvo algo que ver con la abuela de mi padre, mi bisabuela. ¿Pero qué? Miro y miro su foto para ver si me ayuda a entender todo esto. Pero la señora bonita y elegante en la foto, <u>doña Josefa de González, "La Catrina,"</u> como dice mi papá que le decían, sólo me mira de vuelta. Sus ojos negros, los ojos de mi papá, los míos, no me dicen nada.

¿Qué pensaría de mí esta señora? Soy su bisnieta americana, de padre mexicano y madre puertorriqueña. ¿Estaría orgullosa de mí y de mis estudios de español? ¡Ojalá que sí! ¡Cómo me gustaría saber más de ella!

Bueno, pero ahora debo descansar. Buenas noches, querido Diario. A ver qué te cuento mañana.

La aventura comienza

Jamie mira una vez más la foto. Luego la empaca con su diario entre la ropa en su maleta.

🔵

El vuelo de Jamie y Philip es directo de Los Ángeles a la Ciudad de México. Al llegar al Aeropuerto Internacional Benito Juárez de la Ciudad de México, los dos jóvenes buscan entre la multitud al representante del Comité de Intercambio Cultural. Debe estar allí para recibirlos.

Después de unos minutos, Jamie y Philip ven a un hombre bajo y algo grueso que, con mucha dificultad entre tanta gente, está tratando de mantener en alto un cartel con las palabras "Comité de Intercambio." Al ver a Philip, el hombre sonríe con alivio y lo saluda con la mano. Está seguro de que ese muchacho, tan alto y rubio, es uno de los estudiantes estadounidenses que busca.

Pero al ver a Jamie, el hombre se muestra confuso.

—Buenos días, joven —le dice a Philip—. Supongo que usted es uno de los estudiantes que van a Querétaro.

—Sí, así es —contesta Philip—. Soy Philip . . . Felipe Armstrong, de Los Ángeles. Y ésta es Jamie González.

—No entiendo —contesta el señor, sorprendido—. Me dijeron que eran dos muchachos. Es para el programa de intercambio, ¿no? ¿Eres Jaime, Jaime González?

—Yo soy JAMIE, señor —contesta Jamie—. "Jaime," no. Pero somos del programa, sí.

El hombre sonríe.

—Pues, bienvenida a México, Jamie. Y tú también, Felipe. Fue un error nuestro, supongo que a causa del nombre. Yo soy Jorge Moreno, para servirles. Pero en fin, ya están aquí. ¡Bienvenidos a México! Y ahora síganme, por favor. Tenemos que darnos prisa para llegar a tiempo a la estación del tren.

Manejando su coche como un experto por las calles congestionadas de la capital mexicana, el Sr. Moreno lleva a Jamie y a Felipe a la estación del tren. Parece como si todos los coches de la ciudad le cortaran el paso al pobre Sr. Moreno. De milagro llegan a tiempo para la salida del tren con destino a Querétaro.

El señor Moreno les ayuda a Jamie y Felipe a encontrar sus asientos. Luego, meneando la cabeza, dice:

—Qué negocio, ¿eh? Pero así es la vida aquí, en el D.F. Ahora, muchachos, cuidado con el equipaje, que no se les pierda ninguna maleta. Les va a gustar mucho Querétaro; es lindo, y más tranquilo que aquí.

Y por último, cuando el tren ya sale, el Sr. Moreno les grita a Jamie y Felipe desde la plataforma:

—Y sobre todo no olviden la regla: ¡hablar sólo español!

En el tren los dos muchachos se quedan dormidos casi en seguida. Despiertan después de un rato cuando oyen al revisor.

—Billetes, por favor, billetes . . .

Desde la ventanilla se ve un paisaje árido y de una belleza sencilla y severa. Jamie lo mira, maravillada. Piensa en lo que ha leído de la historia de la región: por estas mismas tierras desiertas pasaron los grandes héroes de la independencia mexicana: el Padre Miguel Hidalgo, Ignacio Allende. Aquí, también, el desafortunado *assassin* Emperador Maximiliano de Austria fue fusilado en 1867, abandonado por el gobierno francés que lo había instalado en México. De pronto, una pregunta de Felipe regresa a Jamie al presente:

—*Why did you pick Querétaro?*

—Porque allí mi familia tiene raíces —contesta Jamie, cambiando al español sin comentarlo. La maestra de español, la señora Corona, siempre usaba esa técnica con los estudiantes que insistían en hablar inglés en la sala de clases.

—¿Raíces? ¿Qué son "raíces"? —esta vez Felipe lo dice en español.

—Pues como un árbol que tiene en la tierra sus . . . raíces. ¿Entiendes?

—*Yeah, yeah, I get it.*

Los dos se ríen. Jamie ha imitado perfectamente la manera en que la maestra explica palabras sin usar el inglés. Y los dos lo entienden mutuamente, como un acuerdo de amistad.

Al llegar a la estación de Querétaro, se produce la misma confusión con el nombre de Jamie. Su familia mexicana, los señores Navarro y su hijo Carlos, buscan a "Jaime" entre los pasajeros que se bajan del tren. Jamie se acerca al Sr. Navarro, quien lleva un cartel que dice "Jaime González," y se presenta.

—¡Pero "Jaime" es nombre de muchacho! —insiste la Sra. Navarro.

—Pues sí señora, pero mi nombre es JAMIE —y lo dice otra vez más lentamente—. Y soy muchacha.

—Sí, claro —dice el joven—. Yo soy Carlos Navarro. Encantado.

—Sí, nuestro hijo —dice el padre.

Felipe se acerca para despedirse de Jamie, quien le presenta a los Navarro.

—No te olvides de llamarme —le recuerda Felipe.

Carlos había venido con poco entusiasmo a recoger "al estadounidense." No tenía mucho interés en Jaime, el estudiante con quien tendría que compartir su dormitorio. ¡Pero *Jamie,* esta estudiante guapa, la verdad es que era una sorpresa muy agradable!

"¿Son novios estos dos?" piensa Carlos, mirando con mucho interés a Felipe y a Jamie.

También mirando con mucho interés, perdido entre la gente que se saluda en la plataforma, hay un hombre de traje oscuro. Sin quitarles la vista a los Navarro y a Jamie, toma el teléfono en la cabina de la estación. Habla en voz baja, con urgencia:

—¿Demetrio? Habla Santana. Los muchachos ya están aquí. ¿Cómo? Sí, ella también está aquí. Sí, claro.

El hombre cuelga el teléfono y escribe algo en una pequeña libreta. No deja de mirar a los Navarro y a Jamie hasta que éstos salen para la casa de los Navarro en el coche de la familia.

CAPÍTULO 2

En casa
de los Navarro

⊙ ⊙ ⊙

Querido Diario:

Ya estoy aquí, en México. ¡Increíble! ¡Cuántas veces he soñado con hacer este viaje! ¡Por fin se realiza mi sueño!

Sólo hay una cosa que nunca me imaginé. ¿Puedes creer que todos aquí pensaban que yo era muchacho, "Jaime"?

Pero ya las cosas empiezan a calmarse. Al llegar a casa de la estación, la Sra. Navarro, que casi tuvo un ataque de corazón al ver que yo era muchacha, llamó en seguida por teléfono a su amiga, la Sra. Linares. Mientras que yo hablaba con Carlos, el hijo (¡bastante guapo: alto, moreno y con unos ojos negros que no te puedes imaginar!) de los Navarro, oí a la Sra. Navarro que le decía a su amiga: "No, no, aquí no puede quedarse. ¿Te imaginas el escándalo?"

Evidentemente, la Sra. Linares se pudo imaginar muy bien el escándalo, y como amiga íntima y leal de la Sra. Navarro, me ha ofrecido su casa. Sucede que los Linares tienen una hija justamente de mi edad, María. Esta noche dormiré aquí, en casa de los Navarro, mientras que los Linares preparan el cuarto de María para que yo lo comparta con ella. Ofrecí dormir en el sofá, pero Carlos, que es todo un caballero, no aceptó. Así que es él quien va a dormir en el sofá, mientras que yo dormiré en su cuarto, que es donde estoy ahora mismo, escribiéndote.

¡Si es que llego a dormirme después de un día tan emocionante! Primero, por la mañana, llegar a la capital, tan antigua y moderna, elegante y descuidada y . . . ¡ay, un sinfín de contrastes! Luego, salir rápido, rápido a Querétaro. Y también, todo este asunto del nombre, que me sigue por todos lados: "¿que no eres Jaime?" "No, mi nombre es JAMIE, Jamie González."

Sí, soy Jamie González. Pero a pesar de estar aquí sólo unas horas, ya siento que no soy la misma de hoy en la mañana, cuando salí de Los Ángeles. No, no soy la misma Jamie González. No sé qué me pasa. Miro la foto de mi bisabuela, doña Josefa de González, que he puesto enfrente de mí para escribirte, y siento algo especial, diferente de antes. Hasta ese rostro familiar me parece cambiado, vivo. Es como si ahora que estoy en su país, en su ciudad, La Catrina me quisiera decir algo.

¡Ah! y hablando de "algo," ¿qué hay entre Carlos Navarro y María Linares? Algo, algo. . . . Por lo que oí de

la conversación entre la Sra. Navarro y la Sra. Linares, me parece que hay mucho cariño entre las familias, y que se conocen desde hace ya bastante tiempo. Y por lo que oí en un mensaje que María había dejado en el contestador automático de Carlos, me parece que estos dos son, o fueron, novios. ¿Cómo lo sé? Elementary, my dear Watson. *Algo (otra vez "algo") en la voz de María, en lo incómodo que se puso Carlos al darse cuenta de que el mensaje en su contestador automático era de ella y que yo lo estaba escuchando.*

Pero en fin, ya es tarde. Buenas noches, querido Diario. Te cierro a ti, y cierro mis ojos. ¿Pero qué voy a soñar, ahora que ya estoy aquí?

La mañana siguiente, la Sra. Navarro lleva a Jamie a casa de los Linares. Todos son muy amables. A Jamie le encanta oír las frases de cortesía de los mexicanos, tan formales y a la vez tan naturales y cariñosas. A Jamie, el modo de hablar de los mexicanos le parece muy ceremonioso, muy "a la antigua": "Tengo el gusto de presentarte," "Encantada," "Muy amable," "Disculpe."

Como Jamie se lo esperaba, María Linares es una muchacha bien educada. También es muy bonita, y se nota que le gusta arreglarse. En su cabello castaño liso, lleva una diadema con perlas pequeñas; y su blusa, de color verde claro, hace juego con sus ojos. Además de todo esto, también resulta ser muy simpática y graciosa. Le ayuda a Jamie a desempacar, y dentro de poco las dos están conversando a gusto, haciéndose preguntas de muchachas que empiezan a hacerse amigas.

Esa tarde, María lleva a Jamie a la escuela preparatoria donde ella estudia. En muchos aspectos la escuela es parecida a la de Jamie en Los Ángeles: los pasillos están llenos de jóvenes, todos hablando al mismo tiempo . . . , hay risas y gritos.

Jamie se fija en que los estudiantes se reúnen en grupos de amigos. De vez en cuando, se ven algunas parejas de novios. Jamie nota que María le presenta a varias amigas, pero a ningún amigo en especial. ¿Será Carlos ese amigo? Tiene que saberlo y se alegra cuando la misma María toca el tema, aunque de manera muy general.

—Mamá dice que el estudiante con el que viajaste, Felipe, te llamó. ¿Tú y él son buenos amigos?

—No, casi no nos conocemos. Hemos estado en la misma clase de español, pero nada más.

—Perdón, no quise meterme en tu vida personal.

—Vamos, María, que ya somos amigas. Hablando de eso, tú y Carlos son muy amigos, ¿no?

De pronto, María se pone seria.

—No, ahora no tanto. Amigos sí, siempre, ¿pero más? . . . no.

Aclaradas las cosas, las muchachas se ríen. Ya empiezan a sentir la confianza de verdaderas amigas.

En casa de los Navarro

father is lawyer

o

Demetrio Alcocer, el director de la Biblioteca Central de Querétaro, era un señor mayor, de aspecto distinguido. Había tenido el puesto de archivista e historiador de la ciudad, responsabilidad que ejercía voluntariamente, desde hacía muchos años.

La familia del Sr. Alcocer había sido importante en la historia de la región desde la independencia. Su padre fue abogado y miembro de la agencia de abogados Aguilar y Hermanos. La primera década del siglo veinte resultó próspera no para México pero sí para la agencia. El padre del Sr. Alcocer compró una hermosa casa colonial. Pero unos años después de la Revolución, ocurrió un hecho oscuro que cambió totalmente la próspera situación económica de la familia Alcocer: la agencia despidió a su padre.

Poco después nació Demetrio; sólo tenía tres años cuando murió su padre. Ya adulto, Demetrio dedicó mucho esfuerzo y tiempo para descubrir el misterio de lo que le había pasado a su padre en el trabajo.

Poco a poco, basándose en la información recibida de varios parientes, pudo establecer: 1) que entre los clientes de la agencia había una señora muy rica, doña Josefa de González, que había ayudado a los revolucionarios; 2) que esta señora murió misteriosamente durante la Revolución; 3) que el testamento de la señora (que el Sr. Alcocer ha guardado cuidadosamente todos estos años)

will

indica claramente que todas sus tierras y dinero deben pasar al primer miembro de su familia que se presente en Querétaro para reclamarlos; 4) que el jefe de la agencia, don Pedro Aguilar, se apoderó de todo y no buscó a ningún legítimo heredero; 5) que el padre de Demetrio se opuso a estas maniobras fraudulentas del jefe; y 6) que el jefe, don Pedro, lo despidió de la agencia amenazándolo con enviarlo a la cárcel si no mantenía la boca cerrada.

Demetrio Alcocer fue educado en los ideales de la Revolución. Toda su vida se había dedicado a su país; pero nunca pudo olvidar lo que Pedro Aguilar le hizo a su padre.

Como Demetrio era miembro del Comité de Intercambio Cultural, se enteró con bastante anticipación de que un estudiante llamado "Jamie González" pensaba pasar el verano en Querétaro. Demetrio hizo unas cuantas investigaciones y se dio cuenta de que "Jamie" en efecto era una muchacha.

Al ver por primera vez la foto de Jamie que acompañaba su solicitud para participar en el programa, Demetrio sintió una emoción extraña, una mezcla de tristeza, felicidad y maravilla. El rostro de la muchacha era casi idéntico al que él había visto tantas veces desde joven en fotos antiguas que su padre había guardado: la joven era el vivo retrato de esa señora tan importante en las vidas de su familia y de la región, doña Josefa de González, "La Catrina."

Ya seguro de que Jamie era ese miembro de la familia

González que podría reclamar la fortuna de La Catrina, Demetrio decidió emplear a un detective para seguirla. ¡No era para menos! Como heredera de La Catrina, Jamie necesitaba a alguien que la cuidara y la protegiera, sobre todo si la familia Aguilar, la más poderosa y rica de la región, averiguaba quién era en realidad.

Fue el detective Santana al que Demetrio contrató para vigilar a Jamie. Con el poco dinero que tenía, Demetrio no pudo emplear a ningún detective profesional. Encontró a Santana en el mercado, donde le llamó la atención un aviso que decía **"Detective busca trabajo."** Al hablar con Santana, Demetrio se dio cuenta de que tenía poca experiencia. Pero Santana sí era muy aficionado a las películas de detectives, y mostraba gran entusiasmo para emprender una "investigación."

Y es este mismo Santana el que entra una tarde en la

oficina de Alcocer.

—Sigo a Jamie González por todos lados. Ya no vive en casa de los Navarro. Ahora vive con los Linares, familia de María.

—Muy bien —contesta el director.

Después de compartir otros datos más de su investigación, Santana sale satisfecho de su reunión con Demetrio. Siente que sus esperanzas de ser un detective profesional están a punto de realizarse.

Al mismo tiempo que Santana sale de la biblioteca, un coche pasa lentamente enfrente de la casa de la familia Linares. Es un coche negro y grande, algo poco común en una ciudad como Querétaro. El chófer mira el número.

—Ésta es la casa, don Silvestre. La casa café. Tiene el número cuarenta.

El pasajero sentado atrás, nieto de don Pedro Aguilar, mira un momento. Luego, con un gesto impaciente de la mano, le indica al chófer que regrese al centro.

Capítulo 3
Un mensaje misterioso

▣ ▣ ▣

El restaurante de la familia Navarro, "El Arcángel," tiene cierto prestigio en Querétaro. La primera semana de clases, María y Carlos llevan a Jamie a desayunar allí. Jamie queda sorprendida por lo pequeño que es, con sólo unas diez mesas. Pero está situado frente a una hermosa plaza arbolada de la ciudad.

En el interior del restaurante, Jamie se fija en una figura de madera que representa al Arcángel.

—Es el ángel del bien y del mal —le explica el Sr. Navarro, que sale de la cocina para saludar a los muchachos—. Me manda mensajes.

Los muchachos sonríen. Jamie tiene mucha hambre, pero no sabe qué pedir.

—¿Qué son chilaquiles? —le pregunta a María, quien le explica:

—Son tortillas fritas con pollo, queso, cebolla, crema, salsa verde o roja, y vienen con frijoles.

—Son deliciosos —agrega Carlos—. Te los recomiendo.

—Yo también —concuerda María.

Jamie queda convencida:

—Está bien, voy a probar los chilaquiles. ¿Con huevos?

—Claro, ¿cómo los quieres? —le pregunta Manuel, el mesero.

—Revueltos, por favor.

—Para mí café, pan y algo de fruta: papaya —pide Carlos.

—Para mí nada, gracias —dice María—. Ya son las ocho y tengo que estar en la escuela a las ocho y media. ¿Les molesta si los dejo solos?

—No, no te preocupes por nosotros —le dice Carlos.

Jamie come los chilaquiles y le gustan mucho. Pero pronto entiende que tendrá que resistir la tentación de comer demasiado para no salir de México con el doble del peso que tenía al llegar. En su casa en Los Ángeles su madre cocina a la puertorriqueña, con platos muy ricos. Jamie en cambio no cocina para nada.

Jamie se sorprende al ver que el restaurante tiene una máquina de fax. Es otro de los contrastes que Jamie ve constantemente en México: la tecnología más avanzada en un rincón de los más antiguos de esta ciudad colonial. Carlos le explica que usa la máquina no tanto en el negocio sino para sus actividades sociales y cívicas. Luego, mientras hablan Jamie, Carlos y el Sr. Navarro, Manuel trae un fax que acaba de llegar para el Sr. Navarro.

—¡Qué estupidez! —dice él, molesto—. Hay gente que pierde el tiempo jugando con estas máquinas.

Pero Jamie, mirando la hoja, nota que lleva una figura de una calavera con un sombrero de mujer antiguo, muy elegante, con encajes y plumas. Debajo de la figura hay una advertencia: "¡CUIDADO!"

○

Querido Diario:

¡Están pasando tantas cosas que no sé por dónde empezar!

Primero, lo de mi bisabuela: resulta más complicado de lo que yo pensaba. Dicen que era un verdadero personaje por aquí, muy rica y muy respetada. ¡Y tal como me había contado mi padre, la llamaban "La Catrina"! Es muy curioso: a pesar de su importancia, hasta ahora no he podido averiguar nada de lo que le pasó. Cuando pregunto por ella, me miran como si estuviera loca. O no saben nada o no quieren decirme nada; no sé.

Ayer Carlos me llevó de paseo por la ciudad. ¡Qué hermoso es el centro! . . . una colección de edificios coloniales muy bien conservados. Carlos me enseñó una casa que había sido del Corregidor y su esposa, la Corregidora.

Aunque su marido fue uno de los últimos represen-

tantes del Virrey de España en México, la Corregidora fue una auténtica heroína de la independencia. Ayudó a los líderes como Hidalgo y Allende. Tenía reuniones clandestinas en las que se organizaba la lucha por la independencia. ¡Y todo sin que su marido, el Corregidor, se diera cuenta! Bueno, un día sí se dio cuenta, y encerró a su esposa en un cuarto. Pero aun así, hablando en voz baja por el ojo de la cerradura, la Corregidora logró advertir a otro conspirador que el Corregidor iba a mandar soldados a San Miguel y a Dolores para capturar a Allende y a Hidalgo. ¡Qué señora tan valiente!

Pero volviendo al tema de mi bisabuela: en el centro, Carlos me llevó a una tienda de antigüedades. Vi la misma calavera que llegó en la máquina de fax para el Sr. Navarro. El anticuario me explicó que era un grabado de José Guadalupe Posada de una Catrina, es decir, una mujer muy rica y famosa. Luego, en un libro, me enseñó una foto del gran mural de Diego Rivera, "Sueño de una tarde dominical en la Alameda Central." En este mural, entre muchas otras figuras, también hay una Catrina. ¡Cómo me fascina todo esto!

Pero he guardado lo mejor para el final. "¿Quieres ver una Catrina de verdad?" me preguntó el anticuario. Cuando le dije que claro que sí, sacó una foto firmada por doña Josefa de González, mi bisabuela. Dijo que el director de la biblioteca, un tal Sr. Alcocer, sabe mucho sobre la historia de Querétaro. El lunes hablaré con él. Ahora tengo que prepararme. María y yo vamos con Carlos a San

Miguel. Es un pueblo cercano muy lindo según lo que dicen.

Ahora . . . confieso que me gusta cada vez más estar con Carlos. No sé, hay algo. Pero en fin, no quiero hacerme ilusiones. Después de todo, en unos dos meses estaré de vuelta en L.A. Además, estoy aquí para aprender y eso mismo es lo que pienso hacer.

Buenas noches, querido Diario.

San Miguel, con su gran catedral, le encanta a Jamie. Ahora ya entiende por qué la ciudad atrae a tantos artistas. Después de comprar una blusa en una pequeña tienda de ropa, Jamie, María y Carlos van a almorzar al restaurante del Hotel Jacaranda. Allí mismo se encuentra el dueño del hotel, Silvestre Aguilar. Sentados a la mesa con él hay dos hombres jóvenes y robustos, con anteojos de sol. Uno nota la presencia de Jamie y se la comenta a Aguilar.

—Ella es.

—¿Ésa es la famosa señorita González? —pregunta Aguilar.

—Sí, pero don Silvestre, sólo es una turista de Los Ángeles, nada más.

Aguilar se pone serio.

—¡No sean tan inocentes! Parece que el estúpido de Alcocer tiene un documento que dice que esta muchacha es dueña de todas mis tierras, ¡y también de este hotel!

Los dos hombres lo miran con sorpresa.

—¡Imposible! ¿Demetrio Alcocer, el viejo de la biblioteca? ¿Qué documento? ¿De quién?

—¡El testamento de doña Josefa de González!

—¡La Catrina!

Con gran irritación, Aguilar levanta el cuchillo y corta el bistec violentamente. Empieza a comer rápidamente, sin dejar de mirar a Jamie, que se divierte con Carlos y María hablando de su visita tan agradable a San Miguel de Allende.

CAPÍTULO 4
En busca
de La Catrina

◉ ◉ ◉

Demetrio Alcocer cuelga el teléfono. Las manos le tiemblan. La llamada de Silvestre Aguilar lo ha sorprendido. El director de la biblioteca casi nunca había hablado con el poderoso hacendado. Para un señor tan rico como Aguilar, un funcionario municipal como Demetrio era de poca importancia. Sin embargo, Aguilar entiende perfectamente las intenciones del bibliotecario con respecto al testamento de doña Josefa de González.

Por su parte, Demetrio sabe que las amenazas de Aguilar son muy serias. Con su gran influencia entre la gente "importante" de Querétaro, no sería difícil para Aguilar arreglar, con algún pretexto u otro, la despedida de Demetrio si éste hablara sobre el testamento.

—¿Otra vez con amenazas? —le dice Demetrio con desafío a Aguilar. Pero en el corazón siente miedo, mucho

threats

miedo, y no tan sólo por su pensión.

●

Rogelio, el ayudante de Demetrio Alcocer, había tenido poca suerte con las señoritas de Querétaro. Mejor dicho, no había tenido suerte. El joven era bastante inteligente pero también muy tímido. Y para poner las cosas en claro, su apariencia física no atraía a un gran número de admiradoras. Sin embargo, era un hombre honrado, decente y digno de algo más. Cuando mira por primera vez a Jamie González, cree que ese "algo más" se le ha presentado.

—Bue . . . bue . . . buenos días, señorita. ¿Puedo ayudarle en algo?

—Busco información sobre una señora que era de aquí, de Querétaro. Era mi bisabuela y vivió aquí durante la Revolución Mexicana.

—Ah, se trata de historia. Yo puedo ayudarle si usted quiere —dice el joven con una gran sonrisa.

—Gracias, pero me dicen que el director, Demetrio Alcocer, es especialista en la historia de esta región.

—Ah sí, don Demetrio sabe mucho de estas cosas. Un momento, por favor.

Después de consultar con su jefe, el joven deja pasar a Jamie.

—¿En qué puedo ayudarle? —pregunta Alcocer.

—Busco información sobre una señora que llamaban

"La Catrina."

—Ya entiendo, la Catrina de Posada, el gran artista y grabador. Es una calavera vestida como una mujer rica.

Jamie le explica que la Catrina de quien ella habla era su bisabuela, una persona de carne y hueso. Desde luego, Alcocer sabe perfectamente lo que quiere la señorita estadounidense, pero en ese momento no está seguro si quiere arriesgar la confrontación con Aguilar.

—Bien, bien, pero . . . ahora no puedo decirle nada. Necesito consultar los archivos, los documentos de la biblioteca. . . . Toma tiempo. ¿Puede usted volver en unos días?

Así que Jamie tiene que conformarse con decirle a Alcocer que lo llamará antes de volver y que estaría muy agradecida por cualquier ayuda. Alcocer la mira desde la ventana cuando sale.

○

Esa tarde, Jamie y María van al centro deportivo de la universidad. Por casualidad Felipe también está allí. El muchacho ha aprendido mucho de México: el idioma, la cultura, las costumbres. Pero su vida social no es tan divertida como esperaba. En una palabra: no tiene una amiga "especial." Cuando Jamie lo presenta a María, una gran sonrisa ilumina la cara del joven. Los tres empiezan a nadar en la piscina. Luego, cuando María lo invita a la fiesta de bienvenida para los estudiantes extranjeros,

Felipe acepta inmediatamente, y sonríe otra vez.

Querida Rosie:

Por fin tengo un poco de tiempo para escribirte un poco más. ¿Te gustaron las tarjetas postales? Este lugar es precioso. ¡Cómo me gustaría que estuvieras aquí!

Dos cosas, una buena y la segunda no tanto. Ayer María conoció a Felipe y parece que le gustó. ¡No sabes el alivio que siento! Antes no podía estar segura de que las relaciones entre ella y Carlos eran de amigos y nada más.

Segundo: algo bastante extraño. Tengo la impresión de que hay personas que me están siguiendo. Probablemente es mi imaginación, no sé. Es difícil imaginar una ciudad más agradable y menos peligrosa que Querétaro. Sin embargo, hay esas sombras oscuras . . .

Por favor, ¡no les digas nada de todo esto a mis padres!
Tu amiga,
Jamie

Queridos papá y mamá:

Siento no haber escrito antes, pero he estado muy ocupada desde que llegué a este hermoso país. Pero no se preocupen por nada: estoy perfectamente establecida con una familia mexicana, los Linares. María, su hija, es de la misma edad que yo y nos llevamos muy bien. En fin, México es un país maravilloso y me estoy adaptando estupendamente.

Escríbanme y cuéntenme muchas cosas de allá. ¿Qué tal el verano en la ciudad? Papá, estás trabajando demasiado, ¿no? ¿Y mamá también? ¡Cuídense mucho!
Su hija,
Jamie

P.D.: En caso de emergencia, aquí tienen el número de teléfono de esta casa: 52-42-55-57-88 (los primeros números, 52 y 42, son los prefijos del país y de la ciudad).

CAPÍTULO 5
La historia
de La Catrina

◘ ◘ ◘

La familia Navarro cuenta con el restaurante para mantenerse. Los ingresos, aunque de ninguna manera muy grandes, bastan para pagar las cuentas y deberes mensuales.

El padre, Tomás Navarro, es el cocinero principal, con la ayuda de su esposa, que también sirve de mesera y cajera cuando es necesario. La Sra. Navarro es la que mantiene en orden las cuentas del negocio. Manuel Ortega es el mesero de la casa. El negocio no permite más personal y por eso Carlos tiene que trabajar de vez en cuando en el restaurante.

Los padres de Carlos tratan de no interferir demasiado en los estudios de su hijo. En cambio, no tienen la misma consideración para las actividades de Carlos en el grupo ecológico Aztlán. En realidad, simpatizan con los

preservation of the environment

objetivos del ecologismo, pero las presiones económicas y la necesidad de que Carlos les ayude en el restaurante son constantes.

Por fin llega la noche de la fiesta en la universidad para dar la bienvenida a los estudiantes extranjeros. Carlos espera divertirse mucho con Jamie. Pero durante la cena el Sr. Navarro le dice que lo necesita esa noche en el restaurante:

—Tu mamá y yo no lo podemos atender.

—Papá, esta noche hay una fiesta en la universidad para dar la bienvenida a los estudiantes extranjeros —insiste Carlos.

—Sí, comprendo . . . va a ir Jamie —responde el padre—. Pero hijo, es el negocio lo que nos da para todo: la casa, nuestra vida, ¡tus estudios! ¿Y tú sigues preocupado por los pájaros, y por los cambios de clima en el año 2040?

Capítulo 5

Carlos acepta. No se puede negar. Es raro que los padres insistan así. Pero lo que sí le molesta es que no tomen en serio las actividades de Aztlán:

—Pero quiero decirte una cosa, papá, ¡los pájaros sirven para algo! ¡Y esos cambios de clima del 2040 pueden llegar en muy pocos años! ¿Sabías que en Querétaro sólo hay agua para siete años?

Los padres de Carlos lo miran sorprendidos.

En la fiesta, esa noche, Felipe tiene oportunidad de hablar con María. La había admirado en la piscina. Para él no sólo es muy guapa, sino que también tiene una gran personalidad. Ríe mucho y eso le encanta a Felipe.

Sin embargo, Felipe no está seguro de si María lo toma en serio o no. Aunque ella es de la misma edad que él, tiene la impresión de que es más madura, quizás más inteligente que él. Pero cuando ríen juntos en la fiesta, con las bromas y el humor, sus dudas desaparecen.

—Oye, y tú ¿cómo eras de niño? —le pregunta María.

—¿Yo? Bueno, siempre me portaba bien, no molestaba a nadie, no lloraba, obedecía a mis padres y nunca mentía —dice Felipe mintiendo.

Y los dos se ríen de nuevo.

Cuando Jamie se presenta sin Carlos, que está trabajando en el restaurante, los tres deciden ir a verlo.

Jamie quiere visitar a Carlos en el restaurante para alegrarlo. En efecto, cuando los tres llegan y preguntan por él, Manuel, el mesero, les advierte que Carlos está deprimido. Jamie va a hablar con él en la cocina. Lo sorprende disgustado, preparando una torta. Al verla, los ojos de Carlos brillan de alegría.

—¿Y la fiesta? —pregunta Carlos—. ¿No fueron?

—Sí, pero decidimos venir a visitarte —le dice Jamie, sonriendo.

Carlos la mira con agradecimiento y cariño.

En ese momento, Carlos y Jamie oyen el sonido de la máquina de fax que indica que está recibiendo algún mensaje. Al llegar a la máquina, encuentran una sorpresa para Jamie.

Querido Diario:

¡Por fin creo que voy descubriendo el misterio de lo que le pasó a mi bisabuela!

Esta noche, mientras visitaba a Carlos en el restaurante, me llegó un fax de Rogelio, el ayudante del director de la biblioteca. Es un muchacho muy amable y servicial, y yo le había dicho que si encontraba algo sobre mi bisabuela, que me llamara a casa de los Linares o que me enviara un fax al Arcángel.

Capítulo 5

Pues bien, Rogelio me dice en el fax que en la biblioteca encontró un libro con la historia de mi bisabuela, La Catrina. Parece ser que La Catrina era _jefa de una banda revolucionaria_ y que, con ayuda de su banda, _robaba a los ricos para darles a los pobres._ A pesar de que muchos la admiraban y respetaban, hubo alguien que la traicionó. Mi bisabuela _fue asesinada,_ junto con su banda, una noche cerca de la casa de la Corregidora. Y su hacienda, la Hacienda La Catrina, cambió su nombre a Hacienda la Jacaranda.

estate / ranch

¿Qué significa todo esto? Carlos se alarmó muchísimo cuando supo lo de la hacienda, pues la Hacienda la Jacaranda pertenece al Sr. Silvestre Aguilar, una de las personas más poderosas de esta región.

Carlos me pide que tenga cuidado. Lo veo muy preocupado. Parece que este Sr. Aguilar de veras tiene mucho poder aquí.

Te dejo por ahora, querido Diario.

CAPÍTULO 6

Peligro en la Hacienda la Jacaranda

○ ○ ○

En la universidad, en la fiesta para estudiantes extranjeros, Felipe y María se divierten muchísimo. Tanto que Felipe, a pesar de sentirse bastante nervioso, le pide a María que salga con él. Hacen una cita para ir a una discoteca.

María anticipa su cita con Felipe con interés. Hace seis meses, desde su ruptura con Carlos, que no sale con ningún muchacho. Para María, Felipe Armstrong, como muchos jóvenes estadounidenses, es un poco inocente. Siempre está de buen humor, haciendo bromas, siempre parece querer hacerla reír.

"¿Será eso lo que me gusta de él?" piensa María. A Carlos lo conocía desde que era niño. Tal vez por eso el noviazgo entre ellos no funcionó. Sin embargo, con Felipe ella siente que es otra persona. ¡Hasta habla otro idioma con él: inglés! No cabe duda de que a María le gusta muchísimo el muchacho estadounidense, tan sencillo y sincero, que le ha ofrecido ayuda con su inglés a cambio de que ella le ayude a él con su español.

En la discoteca todo son luces que se encienden y se apagan, música fuerte y murmullos en el oído entre amigos. Felipe se sorprende cuando Susana, una amiga de María, se presenta como su "chaperona."

—¿Su qué? —pregunta, totalmente confundido. Había leído algo de eso en un libro de cultura y costumbres mexicanas, pero pensaba que ya era cosa del pasado.

—¡Estamos bromeando! —dice María sonriendo, y después de unos momentos Susana se disculpa para ir a acompañar a otros amigos.

El resto de la noche se pasa entre risas y bromas. Felipe, muy serio, insiste en que no sabe bailar el baile del Queso. Pero en unos momentos muestra que puede bailarlo como cualquier mexicano.

Entre los jóvenes en la discoteca está Paco, el hijo de don Silvestre Aguilar. Es un muchacho alto y delgado, vestido con ropa fina y cara. A pesar de que es bastante atractivo, con ojos de color café claro y pelo negro rizado, parece inseguro y tenso entre los jóvenes. Está rodeado de amigos y algunas amigas, pero no saca a ninguna de éstas a bailar más de una vez.

Cuando Paco ve a María con Felipe, se da cuenta de que el chisme que había oído es cierto: María y Carlos ya no son novios. De niños, él, María y Carlos habían sido amigos. Pero de adolescentes, las cosas cambiaron. Debido a la influencia de su padre, decidió buscar amigos del mismo nivel económico que él, buscó alejarse de Carlos y de María, y lo logró. Así es cómo los jóvenes dejaron de ser amigos.

A su padre, don Silvestre Aguilar, le gustó mucho que su hijo y Carlos dejaran de ser amigos. Cada rato le decía a su hijo que tenía que juntarse con gente distinguida y con influencia. Como la madre de Paco había muerto cuando él apenas tenía ocho años, el muchacho se había criado muy unido a su padre. Su meta era complacerlo y llegar a ser como él.

Paco es un muchacho interesante, le gustan las computadoras y está muy orgulloso de su coche deportivo. Pero, como su padre, no soporta a los ecologistas. Está a favor de las mínimas medidas lógicas para conservar la salud, pero trata de ver las cosas lógicamente y no apasionadamente. Después de todo, es hijo de don Silvestre y, como tal, tiene que comportarse de cierta manera. Es lo que su padre espera de él.

Paco se divierte en la discoteca, pero como de costumbre, no demasiado. Sobre todo no como María y Felipe, que pasan la noche riendo, bailando y conversando como si ya fueran el uno para el otro.

friendship

Al día siguiente, María y Jamie se encuentran con Felipe y Carlos en la universidad. Mientras Jamie y Felipe hablan sobre cosas típicas de estudiantes extranjeros: noticias de casa, clases, recuerdos y regalos que han comprado, María y Carlos aprovechan para conversar. Es claro que los antiguos novios ahora tienen otra cosa más en común: cada uno siente que su amistad con "su estadounidense" se convierte en lo que Carlos, con un poco de inquietud, llama "más que amistad."

Es una situación que se repite cada verano entre los estudiantes mexicanos y los extranjeros en Querétaro. Durante el verano florecen grandes amistades, y hasta

"más que amistades;" luego llega el momento de partir para los extranjeros. Hacen promesas apasionadas de cartas, visitas, todo para mantener el contacto. Y después, poco a poco, pasa más tiempo entre las cartas, nunca se realizan las visitas y las promesas se olvidan.

—¿Pero qué va a pasar después del verano? ¿Sabes tú qué va a pasar? —le pregunta Carlos a María, esperando de su buena amiga una respuesta que lo haga sentirse mejor.

Una sombra aparece en la cara de María: —No, no sé qué va a pasar.

Como de costumbre, Carlos está en las oficinas del centro ecológico, Operación Aztlán, fuera de la ciudad. Aunque no le pueden pagar nada, y aunque sus estudios universitarios le dejan poco tiempo para dedicar allí, él cree totalmente en la causa de Aztlán. Cada vez que va allí aprende algo nuevo.

Pero esta tarde va a ser especial para Carlos. Una niña del campo, de apenas diez años, entra al centro. Su falda y blusa blancas, aunque ya un poco usadas, están muy limpias, obviamente recién lavadas y planchadas. Un rebozo de muchos colores le cubre la cabeza y los hombros. Mirando por todos lados nerviosamente, la niña se acerca a Silvia, secretaria de Operación Aztlán:

Peligro en la Hacienda la Jacaranda

—¿Está el Sr. Carlos Navarro? Traigo una carta para él.

—Adelante, pasa, pasa . . . . —responde Carlos—. Soy Carlos Navarro. ¿De qué se trata?

La niña deja caer el rebozo sobre sus hombros. Se ve que alguien le ha arreglado sus trenzas con cariño y cuidado. Con timidez, le entrega la carta a Carlos.

—A ver. Vamos a ver de qué se trata —Carlos le sonríe a la niña. Luego lee—: "Estimado Sr. Navarro: Mi marido trabaja en la Hacienda la Jacaranda, y si el patrón sabe que yo le escribo, no sé qué va a hacer. Pero necesitamos ayuda. Los insecticidas están afectando la salud de mi esposo y la de los trabajadores. Las frutas y legumbres de la Hacienda la Jacaranda están contaminadas, y después se venden en el mercado. Aunque nosotros no las comemos, mucha gente no sabe y puede enfermarse. Todos por aquí dicen que ustedes son nuestros amigos y saben mucho de todo esto. Por favor, necesitamos ayuda. Atentamente, Guadalupe Guzmán."

La niña se levanta con prisa para salir.

—Espera. Dile a tu mamá que vamos a hacer todo lo posible para ayudarle —le asegura Carlos.

La niña vuelve a cubrirse la cabeza con el rebozo. En voz baja, le da las gracias a Carlos. Antes de salir, se asoma a la calle desde la puerta. Cuando ve que no hay nadie, sale corriendo.

Pero alguien sí ha visto a la niña salir de las oficinas de Aztlán. En la esquina, un coche negro y lujoso arranca y pasa lentamente enfrente del centro ecológico.

CAPÍTULO 7
En busca de evidencia

◙ ◙ ◙

Carlos había oído que la Hacienda la Jacaranda, aunque no la única, era la peor con respecto al uso de pesticidas. En Aztlán, todos los voluntarios estaban bien enterados de eso. Pero una cosa es leer el reporte de otro voluntario de una queja, y otra ver a una niña preciosa e inocente que, con tanto miedo, viene a pedir ayuda porque su padre está enfermo a causa de los pesticidas.

Una crítica en contra de Operación Aztlán era que no tenía nada de poder: presentaba numerosos informes sobre los pesticidas, protestaba ante el gobierno, pero no cambiaba nada. Aunque Carlos no lo admitía, poco a poco se iba quedando convencido de que la crítica era cierta, que en efecto los esfuerzos de Aztlán eran inútiles. Y el mejor ejemplo de esto era la Hacienda la Jacaranda.

El problema con la Jacaranda no era tan sólo que los

trabajadores en el campo se estaban enfermando, sino que la mayoría de los habitantes de la región comían productos de la Jacaranda. Todos se estaban enfermando: primero los campesinos que trabajaban la tierra, y luego cualquiera que comiera los productos de esa tierra.

Carlos estaba seguro de que las autoridades sabían lo que pasaba. Pero no hacían nada, tal vez porque les tenían miedo a los poderosos hacendados, tal vez porque los hacendados les pagaban bien para no hacer nada.

Como los escándalos en muchos lugares, éste ocurría a plena vista, todo el mundo sabía lo que pasaba. De vez en cuando, cuando les parecía conveniente, los hacendados y las autoridades hacían algún esfuerzo cínico y débil por esconderlo. Pero la mayor parte del tiempo no les importaba que la gente supiera lo que pasaba. A fin de cuentas, ¿quién sería tan loco como para enfrentarse a los poderosos hacendados, que gozaban de tanto dinero e influencia?

¿Y quién se enfrentaría al más poderoso de Querétaro, Silvestre Aguilar, quien en ese mismo momento buscaba aun más poder con su candidatura a diputado del gobierno?

⬤

Durante las primeras semanas en Querétaro, Jamie solía ver a Carlos una vez por semana. Pero ahora el contacto entre los dos es diario, e incluso hasta dos o tres veces al día. Esto le causa a Jamie cierta preocupación, pero no lo puede evitar: si no ve a Carlos, o por lo menos habla con él por teléfono, se siente vacía, deprimida. De manera que cuando Carlos la llama una mañana para invitarla a que lo acompañe al mercado, Jamie acepta encantada.

—¿Qué vamos a comprar?

—En el restaurante faltan frutas y legumbres. Pero también quiero aprovechar la ocasión para hacer unas pruebas —responde Carlos.

—¿Pruebas? ¿De qué?

—De los productos de la Hacienda la Jacaranda. Quiero averiguar si están contaminados.

A Jamie le parece extraño que tales pruebas no se hagan antes.

—Sí, entiendo que te parezca extraño —le explica Carlos—. Pero Aztlán no es una organización oficial. Según las leyes, las quejas, o reclamaciones, tienen que hacerse por los individuos que han sufrido algún daño. Pero como ya sabes, la gente tiene miedo de quejarse, de presentar una reclamación formal.

—¿Pero cómo en un caso tan obvio nadie ha reclamado? Es raro, ¿no?

—Tienes razón, Jamie —dice Carlos con un gesto de disgusto—. Yo mismo no lo entiendo. Pero vamos a ver lo que podemos hacer.

Jamie sugiere que se dividan las compras: Carlos comprará las frutas, y ella los elotes y las legumbres. Y así compran de todo, haciendo preguntas, conversando con los vendedores y los clientes y teniendo cuidado de no mezclar los productos de la Jacaranda con los de las otras haciendas.

El teléfono suena en la habitación de Paco Aguilar.

—Sí, sí, soy yo . . . Paco. ¿Qué hay?

El joven escucha con mucho interés. La conversación es urgente y breve.

—Gracias, José . . . muchas gracias. Se lo diré a mi padre.

Paco encuentra a su padre solo en su despacho.

—Papá, me ha llamado José Salinas, del laboratorio de

la universidad. Parece que alguien ha llevado varios productos de nuestra cosecha para comprobar si contienen
pesticidas.

Silvestre Aguilar se pone rojo de rabia.

—Será Aztlán, ese muchacho del restaurante. Y su
amiga, la gringa.

—Sí, pero ¿qué importa, papá?

—¿Qué importa? Importa mucho. En este país si uno
tiene éxito en algo, todo el mundo lo envidia.

—Pero tenemos la responsabilidad de producir una
buena cosecha. Por eso usamos los pesticidas. Ésa es nuestra defensa. Hasta la constitución nos protege.

—¡La constitución! ¡Y si en eso tenemos que confiar!
El problema está en que si la oposición encuentra algo que
se pueda usar contra mí como candidato. . . . Ese muchacho, el hijo de los Navarro, el que era tu amigo, ¿cómo se
llama?

—Carlos. Se llama Carlos.

—Sí, Carlos. ¿Es posible que le esté pagando uno de
los otros candidatos?

—Lo dudo, papá. Carlos Navarro es un ecologista,
totalmente dedicado —contesta Paco. De repente, sin
saber por qué, Paco siente lealtad hacia su viejo amigo,
siente un deseo de ser justo con él—. Además, a Carlos
nadie lo compra. Es . . . es un altruísta, un idealista
—añade Carlos.

—Ajá. Ya me lo imaginaba. Son los peores. Pero está
conspirando con la estadounidense, y ella ya es bastante

peligrosa.

—¿Peligrosa? Pero, ¿por qué?

—Pues ya veremos. Hay cosas que no necesitas saber por ahora. Por el momento, basta. En cuanto al laboratorio, dile a tu amigo que yo hablaré con su jefe. Y no va a pasar nada. El jefe y yo nos entendemos, ¿sabes?

—Sí, papá. Está bien.

Paco Aguilar sale del despacho de su padre. No quiere hacer más preguntas porque ve que su padre ya no quiere seguir hablando. Pero siente que una curiosidad angustiada invade su mente, su corazón, como los insectos que devoran los productos de la Jacaranda, y que a toda costa hay que matar.

Tras llevar los elotes a un laboratorio para hacerles unos exámenes, Jamie y Carlos se dirigen a la Oficina de Salud de Querétaro donde, gracias a la ayuda de un amigo de Carlos que trabaja allí, descubren que la Hacienda la Jacaranda ha sido objeto de varias quejas por el abuso de pesticidas. Esto era de esperarse, pero al leer las quejas, se enteran de algo totalmente inesperado.

—¡Jamie! —dice Carlos emocionado—. ¡Mira el nombre que han puesto como propietario de la Hacienda la Jacaranda!

Jamie se acerca. En todas las quejas, en el renglón para el nombre del propietario, ve: "doña Josefa de González."

Can't be located

Y debajo del nombre lee: "No puede ser localizada."

En el coche, camino al restaurante, Jamie y Carlos hablan de su descubrimiento.

—Si el título no está a nombre de Silvestre Aguilar, será por algo —reflexiona Jamie.

—Claro, pero todo el mundo sabe que él es el dueño de la hacienda. Los de la Oficina de Salud no quieren hacer nada, y por eso usan el nombre de tu bisabuela. Es sólo un pretexto para que Aguilar pueda seguir haciendo lo que quiera en la Jacaranda, sin tener que responder a nadie. Ellos son cómplices de los crímenes de Aguilar.

—Carlos, tienes poca confianza en los oficiales.

—Sí, es verdad. Pero esto no es sólo en México. ¿En tu país no es así también? Los ricos mandan, ¿no?

Jamie piensa un momento.

—Tienes razón quizás, no sé. También tenemos bastantes escándalos en los Estados Unidos. No sé.

—Mira Jamie, mis padres, como pequeños negociantes, han tenido mucha experiencia en estos asuntos. ¿Por qué no hablamos con ellos esta noche? A ver qué opinan.

A Jamie esto le parece buena idea, así como la invitación de Carlos de ir a cenar con él al Arcángel.

Capítulo 7

CAPÍTULO 8
Un caso en contra de don Silvestre

A los padres de Carlos les gusta tomar un café después de la cena. Esa noche Carlos y Jamie los acompañan en su mesa, en un rincón del restaurante.

—Papá, mamá, les quiero hacer una pregunta —empieza Carlos—. ¿Nosotros usamos frutas y verduras de todas las haciendas para las comidas en el restaurante?

—Sí, con excepción de la Hacienda la Jacaranda —responde la Sra. Navarro.

—¿Por qué de allí no? —pregunta Carlos.

El Sr. y la Sra. Navarro se miran. Luego el padre contesta:

—Porque los precios son altos, y la calidad inferior.

—¿Y si tenemos pruebas definitivas de que sus productos tienen niveles muy altos de químicos prohibidos? —pregunta Carlos.

Los dos mayores se miran otra vez. El padre toma la palabra:

—Ten cuidado, hijo, con la Jacaranda. Es propiedad de Silvestre Aguilar y no hay nada en Querétaro, ningún negocio, ningún individuo, que no dependa de él de alguna manera. Hasta nosotros, ¿eh? La hipoteca de este restaurante es del Banco de la Bahía. Y Aguilar es uno de sus principales accionistas.

—Muchachos, yo sé que ustedes sienten que tienen que hacer lo que sea correcto y justo —sigue la Sra. Navarro—. Tolerar la maldad por oportunismo es uno de los vicios de nuestro país. ¡Pero tengan cuidado, eso es todo lo que pedimos!

—No te preocupes, mamá —dice Carlos, con una voz suave y tierna—. Tendremos cuidado.

○

Al día siguiente, Jamie, María, Carlos y Felipe van de compras al centro. Pero María se siente resfriada, así que Carlos y Felipe dejan a las muchachas otra vez en su casa. Antes de llevar a Felipe a la suya, Carlos decide ir a la farmacia para comprar una medicina para María. Esto le molesta a Felipe.

—¿Tú eres el encargado de mantener llena su botica personal? —le dice a Carlos, con un tono sarcástico.

—¿Qué dices? —dice Carlos, sorprendido—. No entiendo.

—¡Yo sí entiendo perfectamente! —contesta Felipe—. ¡Todavía te gusta María!

—¡Eso no es cierto! Y de todos modos, ¿a ti qué te importa? —contesta Carlos en voz alta—. ¡Tú vas a regresar a tu país como todos los estadounidenses, tú, Jamie, todos! ¡Y allí van a poder hacer el reporte sobre sus vacaciones en México!

—¡Carlos, no grites! —dice Felipe.

Los muchachos cambian insultos, cometiendo errores cada uno en el idioma del otro. Carlos se detiene a pagar la medicina que encuentra para María. Felipe lo deja, saliendo de la farmacia sin decirle adiós.

Felipe queda convencido de que Carlos todavía está enamorado de María. Lo había sospechado muchas veces, mirándolos apartarse de los demás en una fiesta o en el parque. Sabe que tienen secretos entre sí, y no le gusta.

Felipe piensa en todo esto cuando sale a caminar esa noche. Al acercarse a la casa de María, oye el cantar de una serenata; enfrente hay un grupo de jóvenes. Entre ellos, cantando con voz clara y brillante, se encuentra el mismo Carlos. Para Felipe esto es la prueba de que Carlos sigue enamorado de María. Pero unos minutos más tarde se da cuenta de que a la que canta Carlos es a Jamie, no a María. Con un alivio inmenso, Felipe se acerca a Carlos. Mientras que los mariachis que acompañan a Carlos siguen tocando, Felipe le pide disculpas a Carlos. Con un abrazo, olvidan la pelea en la farmacia.

Pero Carlos no queda satisfecho de su propio comportamiento en la farmacia. Guarda de sí mismo una imagen de persona lógica y sensata. Nunca entra en estúpidas peleas como algunos de sus compañeros de clase.

¿Qué le pasa, pues? Carlos piensa que quizás reaccionó de manera tan violenta porque se siente tan frustrado en su trabajo en Aztlán. Después de hablar con el director de Operación Aztlán y mostrarle el reporte que confirma que los pesticidas que se usan en la Hacienda la Jacaranda son ilegales, éste le dijo que no hay nada que se pueda hacer contra los hacendados que usan tales pesticidas. Todo es corrupción, complicidad. O quizás lo que tiene a Carlos tan angustiado es su gran cariño por Jamie. Siente que Jamie lo quiere a él también, pero a la vez sabe que hay enormes obstáculos para que los dos se hagan novios.

Ese atardecer en su coche, cuando Jamie y él regresan de Aztlán, Carlos le cuenta a Jamie lo que pasó en la farmacia.

—Ayer Felipe y yo nos disgustamos, ¿sabes?

—Sí, María me dijo algo.

Ninguno de los dos dice nada más. Al llegar a la cumbre de unas colinas, Carlos detiene el coche. Ante los dos hay un paisaje maravilloso: tierras entre las más ricas del país que se extienden hasta el horizonte azul y nublado, donde un magnífico sol mexicano se está poniendo.

Un caso en contra de don Silvestre

Carlos y Jamie salen del coche. Cogidos de la mano, los dos caminan un poco.

—Aquí tienes tu vida, Carlos —dice Jamie.

—Sí, Jamie, aquí pero contigo.

—En poco tiempo yo estaré en mi país —dice Jamie.

—¡México es también tu país! —insiste Carlos.

—¡No! —dice Jamie. Los ojos se le llenan de lágrimas—. Este país me encanta, me fascina. Y tú también me fascinas. Pero yo soy de allá, del otro lado.

Los dos dejan de hablar.

Querido Diario:

Esta tarde, por primera vez, Carlos me besó.

Buenas noches, querido Diario.

Capítulo 8

CAPÍTULO 9

Una reunión secreta con Rogelio

0 0 0

Al salir el campesino de su consulta, el doctor Zabala le habla a la recepcionista.

—Concha, llama al Sr. Aguilar. Necesito hablar con él urgentemente.

—Sí, doctor —responde la recepcionista—. La Srta. María Linares tiene una cita. ¿Quiere usted verla ahora?

—Sí, sí, dile que pase.

María, resfriada, entra en la consulta del médico. La visita dura poco. Al salir, Jamie, que la había acompañado, le pregunta:

—¿Qué te dijo el doctor?

—Que tome aspirina, mucho jugo de naranja, té con limón y que guarde reposo —contesta María con una sonrisa.

Las dos salen. En ese mismo momento suena el teléfono de la recepcionista. Es ~~don Silvestre~~ Aguilar. Antes de coger el teléfono, el doctor Zabala le da instrucciones muy claras a la recepcionista.

—Concha, cierra la puerta, por favor. ¡Y nada de interrupciones!

El doctor se detiene un momento antes de coger el teléfono. Luego, de manera decidida, lo coge y empieza a hablar:

—Sr. Aguilar, aquí Antonio Zabala. ¿Cómo está usted? . . . Sí, sí. Pues yo sé que usted ha contribuido mucho a la clínica y a la ciudad de Querétaro. Sólo quería decirle que he tenido varios pacientes con enfermedades respiratorias bastante serias, todos empleados suyos, y . . . y . . . francamente . . . la verdad es que no hay duda de que se están enfermando a causa de los pesticidas y . . .

El doctor tiene que apartar el teléfono para no lastimarse el oído con los furiosos gritos del hacendado. Después de un rato, logra tomar otra vez la palabra.

—Mire, señor. No le acuso ni mucho menos. Como dije, me doy cuenta de sus importantes contribuciones a la salud de esta región. Sí, claro, claro. Sólo quería informarle de lo que está pasando en caso de que otros con menos integridad que yo, ¿me entiende? reclamen contra usted. La verdad es que nadie sabe con seguridad cuáles son las causas de estas infecciones que también se encuentran en la población general, y sobre todo en esta época del año.

—Sí, sí, claro. Lo único que, para poder tratar a estos

enfermos falta cierto equipo, tecnología avanzada, ¿entiende? Y no lo tenemos porque cuesta mucho. Casi todo viene de los Estados Unidos. Claro, sí, claro.

—Pues, ¿cuánto? No sé, es muy caro. ¿Cien mil dólares? Pues, eso es generoso, sí, pero la verdad es que el equipo nos va a costar mucho más. ¿Doscientos mil? ¡Magnífico! Con tal cantidad podemos comprarlo inmediatamente. Es usted muy generoso. Se lo agradezco, y le aseguro que este equipo será muy útil. Sí, pues un cheque a favor mío, perfecto. Muchísimas gracias, Sr. Aguilar, no cabe duda de que usted es un gran ciudadano.

El doctor cuelga el teléfono, respira y sonríe. Después se levanta y abre la puerta.

—Ahora sí, Concha —le dice a la recepcionista. Está de un humor magnífico—. ¿Quién es el próximo? Ah, por favor, llama a mi esposa. Dile que esta noche vamos a cenar en un restaurante de lujo, que ella escoja.

Rogelio Salazar estudiaba en la universidad. Como sus padres no tenían el dinero suficiente para pagar todos los gastos universitarios, trabajaba en la biblioteca veinte horas por semana. Pero Rogelio, un muchacho gentil y simpático, no consideraba sus horas en la biblioteca muy pesadas. Muchas veces, cuando no tenía nada que hacer, podía leer libros relacionados con sus estudios. A veces incluso escribía allí mismo sus informes para las clases.

Su jefe, Demetrio Alcocer, era bastante nervioso y tenía un carácter un poco difícil. Sin embargo, Rogelio le tenía mucho cariño, y aunque nunca se lo admitiría a nadie, el director de la biblioteca también lo apreciaba mucho. Muchas veces Alcocer le decía cosas de confianza, entre ellas, por ejemplo, que guardaba un libro con la verdadera historia de La Catrina.

El único vicio que se le podía notar a Rogelio era un gran odio a cualquier forma de ejercicio físico. Desde niño, mientras que sus compañeros salían a jugar al fútbol, nadar o correr, él siempre se quedaba atrás. Como hijo único, era algo consentido. Pero no era nada antipático, y le gustaba mucho platicar con sus amigos.

En cuanto a amigas, Rogelio tenía pocas. Sí había tenido una novia con quien solía ir al cine, pero ella se había trasladado al Distrito Federal cuando el padre cambió de empleo. Desde entonces nadie había aparecido para reemplazarla.

Al ver a Jamie González por primera vez, Rogelio sintió el corazón latirle más rápido. Jamie parecía una criatura del cielo, hermosa y obviamente muy inteligente. Rogelio se alarmaba muchísimo cada vez que pensaba en el peligro que corría Jamie, siendo la bisnieta y legítima heredera de La Catrina. Quería proteger a la bella muchacha, y por eso dejó un recado en el contestador automático de los Linares.

—Yo soy Rogelio, Rogelio Salazar, el de la biblioteca. Jamie, es urgente, es absolutamente urgente que hable

contigo. No quiero asustarte, créeme, pero es cuestión de vida o muerte. Llámame pronto.

Cuando Jamie lo llama, Rogelio no quiere decirle nada por teléfono. Los dos quedan en verse en la universidad el próximo día, después de la conferencia de la profesora Isabel Ramírez, ecologista muy conocida.

También con destino a la misma conferencia camina Paco Aguilar. Está absorto en los problemas de su padre y de la familia. Por eso quiere asistir a la conferencia, para enterarse de lo que piensa la "oposición."

Paco sabe que las cosas están cambiando en México.

Una reunión secreta con Rogelio

La política de otra época ya no es aceptable entre muchos de la nueva generación, la suya. Claro que todavía no ha desaparecido la corrupción. Esas costumbres son casi una "tradición," igual que en otras partes. Mucha gente vive cómodamente con ellas. Su padre, por ejemplo, sabe manipular las cosas y se deja manipular cuando le conviene. Todo esto Paco lo sabe. Aun así, no le gustan los malos tipos que siempre rodean a su padre. Sólo al verlos, se siente corrupto, sucio.

Al mismo tiempo, Paco siente orgullo de lo que su familia ha logrado. La Hacienda la Jacaranda es un gran éxito en la región. Siempre ha sido la envidia de los otros hacendados por su magnífica organización. Paco sabe perfectamente que ha habido abusos en el uso de los pesticidas. Pero, según él, la culpa de estos abusos no era de su padre, ya que no estaba enterado de lo que pasaba cuando éstos se cometían. Después de todo, su padre no podía saber todo lo que pasaba; estaba demasiado ocupado con su campaña electoral para ser diputado en el Congreso.

Cuando, por fin, Paco se entera de lo del testamento de La Catrina, casi no lo puede creer. No por su padre, sino por lo que ha oído por allí, Paco ya entiende por qué Jamie es, como le ha dicho su padre, "peligrosa" para los Aguilar.

"¡Pero qué ridícula la idea de que la Hacienda la Jacaranda es propiedad de una familia de Los Ángeles!" piensa Paco. "¿Somos responsables por lo que los

antepasados hicieron hace cien años? Y los estadounidenses, ¿van a devolver las tierras que les robaron a los indios?"

Al llegar a la conferencia, el joven está de mal humor. Aun así, le resulta útil ir, pues obtiene información muy valiosa, y no tan sólo sobre ecología.

Querido Diario,

Esta tarde en la universidad, después de una conferencia sobre la contaminación, Rogelio, el joven que trabaja en la biblioteca, me dijo cosas muy sorprendentes. Me confió que su jefe, Demetrio Alcocer, sabe mucho más de lo que dice, pero que le tiene miedo al Sr. Silvestre Aguilar.

Rogelio me aconsejó que hablara con su jefe sobre el misterio de la muerte de mi bisabuela. Es curioso . . . el mismo Rogelio parecía tener miedo al hablar conmigo.

Y luego sucedió otra cosa curiosa: después de que Rogelio se marchara, Paco Aguilar, que también había escuchado la conferencia, se me acercó para decirme que me estaba metiendo en problemas. No sé si quiso aconsejarme o amenazarme.

Mañana mismo pienso ir a ver a Demetrio Alcocer. ¿Qué me contará?

Bueno, hasta pronto, querido Diario.

CAPÍTULO 10
La herencia
de Jamie

inheritance

⊙ ⊙ ⊙

ladrones - robber

La misma noche de la conferencia, Demetrio Alcocer se quedó en su oficina. El papeleo: impresos, multas, pedidos de nuevos libros, siempre le costaban muchas horas de trabajo. Y la mejor hora para hacer este tipo de trabajo era de noche, cuando la biblioteca estaba cerrada y nadie le podía interrumpir. Pero esa noche no iba a ser tan tranquila.

Afuera, a una cuadra, se detuvo un coche. Dos hombres hablaron brevemente.

—Yo te espero aquí. A estas horas no hay nadie. Pero no tardes, ¿eh? —dijo el que manejaba.

—Bueno, esto será poca cosa. En diez o quince minutos estoy de vuelta —dijo el otro, un hombre alto y robusto vestido todo de negro. Salió rápidamente del coche y corrió, pegado contra las paredes de los edificios

y haciendo el menor ruido posible, hacia la biblioteca.

El hombre se acercó a una ventana de la biblioteca. Sacó una navaja del bolsillo de su pantalón y forzó la cerradura sin hacer el menor ruido. El hombre sonrió y pensó: "Esto es juego de niños."

Al entrar a la biblioteca por la ventana, pasó por un pasillo. Sacó una linterna y miró el letrero de una puerta. Pasó a otra puerta y sonrió de nuevo. El letrero de ésta decía: ARCHIVO. "Aquí tiene que estar," se dijo, y entró al cuarto pequeño y oscuro. En seguida empezó a abrir los cajones de los grandes archivos que estaban junto a una ventana. De pronto, tropezó con un florero que no había visto. El florero se rompió y también, en mil pedazos, el silencio del edificio. *thief*

En su oficina, Demetrio Alcocer dejó caer el bolígrafo y se levantó rápidamente. Salió al pasillo y encendió las luces para ver al ladrón pasar corriendo. Todo sucedió en cuestión de segundos. El ladrón se fugó por la misma ventana que había usado para entrar. Alcocer no pudo alcanzar al hombre que era mucho más joven y ágil que él. Tropezó, cayendo violentamente al suelo.

—¡Alto, ladrón! ¡Alto! —gritó. Pero fue inútil. El hombre ya había desaparecido.

Afuera, el hombre se lanzó al coche que arrancó a todo gas sin encender las luces.

—¿Lo encontraste? —preguntó el que manejaba.

—No, había alguien, tuve que salir —respondió el otro.

—Esto no le va a gustar al patrón —dijo fríamente el que manejaba.

○

Querido Diario:

Anoche pasó algo muy raro en la biblioteca. Alguien trató de robar documentos del archivo. El Sr. Alcocer, con el que hablé esta mañana, está seguro de que Silvestre Aguilar mandó al ladrón para robar una copia del testamento de mi bisabuela, doña Josefa. El Sr. Alcocer ha guardado esta copia por muchos años, desde que la encontró entre unos papeles en la biblioteca. Dice que, anticipando que algo como esto iba a pasar, había escondido el documento en otro lugar. Me lo dio para que lo guardara yo. Resulta que el Sr. Alcocer trató de atrapar al ladrón, pero tropezó y el ladrón pudo escapar. De todas maneras, la policía va a investigar el caso.

Pero lo más interesante, lo más increíble es esto: mi bisabuela dejó todos sus bienes, sus propiedades y su dinero a la familia. Pero con la situación en Querétaro en aquel tiempo, no había nadie de la familia aquí. El testamento da instrucciones muy claras a su abogado para que el legítimo heredero de su fortuna sea el primer miembro de la familia que se presente en Querétaro para reclamarla. Se suponía que el abogado le informaría al resto de la familia sobre esto cuando volvieran a Querétaro. Pero en vez de hacer eso, el abogado se apoderó de todo. Nadie de mi

apoderse=to take control

familia ha reclamado la fortuna de mi bisabuela porque nadie sabía que había un testamento.

¿Y quién era ese abogado? ¡El abuelo de Silvestre Aguilar! De manera que, según el Sr. Alcocer, hay posibilidad de que yo, como estoy aquí y como sé lo que pasó, llegue a ser la propietaria de toda la fortuna de mi bisabuela. ¡Me parece increíble! Claro, todavía hay obstáculos: las pruebas legales, el cambio de las leyes desde ese tiempo. Pero el obstáculo más grande, desde luego, es el peligro que corro al reclamar esa fortuna que hasta ahora ha tenido Silvestre Aguilar, a quien el Sr. Alcocer llama "ese criminal."

No sé lo que voy a hacer ahora, no sé lo que pasará. Lo único que sé es que voy a necesitar mucho valor . . . ¡y mucha suerte!

Te dejo por ahora, querido Diario.

Rogelio sabe que los dos caballeros que entran en la biblioteca ese día no son de Querétaro. Tienen ese aire capitalino, una manera de vestirse, de hablar, que indican que son de la Ciudad de México.

—¿En qué puedo servirles, señores? —pregunta Rogelio.

—Necesitamos hablar con el Sr. Demetrio Alcocer —dice uno, consultando un papelito que trae.

Rogelio llama a la puerta del jefe. Se oye un "¿sí?" irritado.

—Don Demetrio, hay dos señores que desean hablar con usted.

—Que pasen.

Los dos hombres entran en el despacho de Alcocer.

—Somos detectives de la policía nacional —dice uno.

—Necesitamos hablarle de algo muy importante, en privado. Se trata de la investigación que usted pidió que se hiciera sobre el señor . . .

De repente, mirando la puerta abierta, el hombre deja de hablar.

—¿Sería posible cerrar la puerta? —pregunta.

—Claro.

El otro, el que no había dicho nada, se levanta y la cierra. Rogelio nota que la puerta queda cerrada casi una hora. Al fin se abre.

—Muchas gracias, señor —dice el hombre que había pedido hablar con el Sr. Alcocer—. No se preocupe de nada. Puede quedar tranquilo. Todo esto es absolutamente confidencial. Y creo que sería mejor no confiar a nadie el tema de nuestra entrevista. Por interés suyo tanto como por el asunto nuestro . . .

—Sin duda, estoy totalmente de acuerdo —responde el Sr. Alcocer.

Rogelio, escuchándolo todo, no tiene la menor duda de que todo esto es cuestión de algo o alguien importante. "¡Tales señores no vienen buscando ladrones de libros!" piensa.

Unos días después, Jamie y Carlos vuelven a la Hacienda la Jacaranda. Jamie quiere volver a ver la hacienda que podría ser suya. Carlos detiene su coche en la misma cumbre donde él y Jamie se besaron por primera vez. Los dos salen para admirar el paisaje.

—No puedo creer que todas estas tierras fueran antes de mi bisabuela —dice Jamie, maravillada.

—Sí, pero la familia Aguilar las ocupa desde hace casi un siglo. Antes de perderlas, Silvestre Aguilar prefiere morir, o mejor para él, que mueras tú —dice Carlos.

En ese momento, se les acerca un trabajador con una máquina para echar pesticidas en la tierra.

—Señores, mejor váyanse de aquí. Este pesticida es muy fuerte.

Los dos jóvenes se van rápidamente sin discutir.

Jamie había oído hablar del Día de los Muertos, celebración que se lleva a cabo en México el uno y el dos de noviembre. Pero nunca podía imaginarse en qué consistía exactamente. En Los Ángeles, la idea de la muerte era muy triste y, más que nada, la muerte era algo que se escondía, de lo que se huía, hasta entre la gente de origen mexicano.

Esa noche, pasan en la tele un documental especial

La herencia de Jamie

sobre este Día, que también se llama "Día de Todos los Santos." El documental es parte de una serie dedicada a la cultura de México.

Jamie aprende que el Día de los Muertos es una verdadera celebración, una fiesta, y no una ocasión solemne y de luto. En vez de entristecerse por los familiares muertos, la gente va al cementerio a llevarles a sus almas comida, flores y todas las cosas que les gustaban cuando estaban vivos. Familias enteras se sientan alrededor de las tumbas, que limpian y arreglan con sumo cuidado y cariño, para pasar el día allí todos juntos. Según el documental, en todas las pastelerías y dulcerías se venden panes y dulces en forma de calaveras y esqueletos, magníficamente adornados, para ofrecérselos a las almas de los familiares difuntos.

Querido Diario: nightmare

Son las dos y media de la madrugada. Acabo de despertar de una pesadilla horrible, provocada sin duda por el programa que vi antes de acostarme sobre el Día de los Muertos.

Me vi tendida sobre unas flores, con veladoras alrededor de mí, como una muerta. De pronto, se presentó Silvestre Aguilar, vestido con ropa antigua, como de la época de mi bisabuela. En voz baja y con un tono amenazante, me dijo:

—Señorita González, yo soy el legítimo propietario de estas tierras. Si quiere regresar sana y salva a su país, olvídese del testamento, ¿entendido?

Luego soñé que me visitó mi bisabuela, La Catrina. Me aseguró que iba a hacerme rica. Recuerdo muy bien, y todavía me hace temblar, lo que me dijo:

—Yo soy La Catrina, tu bisabuela, Jamie. Todas mis propiedades te pertenecen: la hacienda, el hotel de San Miguel, las tierras. Silvestre nos ha robado todo. Pero ahora tú estás aquí para demandar justicia. Tú eres rica, pero no olvides a los pobres, Jamie. Ahora, ¡tú eres La Catrina!

dream

¿Qué querrá decir este sueño? ¿Qué debo hacer? Tengo mucho en que pensar, querido Diario.

P.D. Se me olvidaba. Según me dijo Demetrio Alcocer, recientemente ha estado en contacto con dos detectives de la Ciudad de México. Demetrio había pedido información sobre las tierras de La Catrina que ahora están en posesión de don Silvestre. Parece que los resultados de la investigación son muy favorables.

CAPÍTULO 11

La respuesta
de don Silvestre

◉ ◉ ◉

Al día siguiente hace mucho calor, con un sol que arde y pesa sobre la ciudad desde muy temprano. En la Hacienda la Jacaranda, don Silvestre Aguilar convoca una reunión en su despacho con sus asistentes y el más astuto y mejor pagado de sus abogados, el Sr. Manchado.

Tal como lo esperaban los asistentes, don Silvestre se puso furioso al enterarse del frustrado robo en la biblioteca. Y sigue furioso esta mañana. Pero, para el enorme alivio de los asistentes, el objeto de la furia de don Silvestre ahora es el Sr. Manchado. El abogado comete el error de hablar con honradez y decirle a don Silvestre lo que no quiere oír: que, en su opinión, el testamento de La Catrina es válido.

—Usted es empleado de mis empresas y de mis negocios —dice don Silvestre, temblando de rabia—. Y le

pagamos mucho dinero cada año, ¿no? Si este testamento es válido, yo pierdo mucho dinero. Y si yo pierdo dinero, las empresas también lo pierden, y no podremos seguir pagando a abogados que, como usted, no hacen nada y cobran mucho.

Los asistentes sonríen. El abogado se apresura a pedir disculpas y hacer promesas de estudiar más cuidadosamente el testamento. A pesar de todo esto, al salir el Sr. Manchado, don Silvestre les dice a sus asistentes:

—Señores, no podemos contar con éste. Tenemos que tomar otras medidas. Tenemos que impedir que la Srta. González siga adelante.

Luego, dirigiéndose a uno de sus asistentes, añade:

—Marcos, tú viste que Demetrio Alcocer le dio una copia del testamento a la Srta. González, ¿verdad?

Don Silvestre habla rápidamente, con el tono siniestro, agresivo y urgente que tanto les gusta oír a los asistentes:

—Ustedes saben dónde vive ella, ¿no? Y ustedes saben que sin documentos ella no puede hacer nada, ¿verdad? Ya saben lo que tienen que hacer. ¡Ah! y que sea esta misma noche.

Los asistentes salen del despacho sonriendo. En su coche, camino a un restaurante, se ponen de acuerdo, hasta el detalle más pequeño, sobre lo que tienen que hacer esa noche.

○

La respuesta de don Silvestre

María sabía que su cariño por Felipe era cada vez mayor. Pero al mismo tiempo estaba preocupada por sus sentimientos hacia Carlos. Carlos y ella habían sido novios durante bastante tiempo, y todavía eran amigos. Decidió escribirle una carta.

Querido Carlos:

Te parecerá extraño que te escriba, pero me gustaría aclarar algunas cosas con respecto a nuestra amistad. Tú siempre has sido para mí, desde niños, mi mejor amigo. Y como sabes, en los últimos años éramos más que amigos. Al principio, cuando llegó Jamie y, aunque ya no salíamos juntos, tuve celos. Pero ahora tengo que decirte que Felipe y yo estamos cada vez más enamorados. A primera vista Felipe me pareció un poco machista y superficial, pero no es así ni mucho menos. Es sincero, algo inocente, pero una persona muy buena y cariñosa.

¡Ah! pero no es de él de quien quería hablarte, sino de ti. Sólo quería decirte que siempre te apreciaré, que espero tenerte como un amigo para siempre y que te estimo mucho. De manera que esta carta no es para decir "adiós" sino "hasta siempre."
Con todo cariño,
María

○

Era la primera vez que Felipe había sido invitado a cenar en casa de María. La Sra. Linares también estaba. El padre no, porque, como de costumbre, estaba en viaje de negocios en la Ciudad de México. La madre de María había preparado hamburguesas con papas fritas. Aunque no tenían el mismo sabor de las que Felipe acostumbraba a devorar en Los Ángeles, se las comió con gran apetito.

Esa noche, después de la cena, Felipe y María van a una tienda de videos para alquilar una película. Al entrar, Felipe queda asombrado por el gran número y la variedad de videos. El proceso para sacarlos es idéntico al de las tiendas en Los Ángeles.

—Las películas norteamericanas son muy populares en México —dice María.

—Supongo que las traducen al español. ¿Cómo se dice, dob . . . ? —pregunta Felipe.

—¿Doblaje? No, aquí generalmente no se doblan las películas. La gente prefiere los subtítulos —responde María.

Felipe encuentra una película de ciencia ficción y los dos jóvenes la ven en casa de María. Después empiezan a hablar del futuro.

—¿Sabes tú cómo serás dentro de veinte años? —pregunta Felipe.

—No sé, es difícil imaginarse —dice María.

—Yo te lo puedo decir —asegura Felipe—. Dame tu mano.

—¿Cómo? ¿La mano? ¿Por qué?

—Yo puedo leer el futuro leyendo las líneas —dice Felipe, tomando la mano de María—. Aquí veo que estaremos juntos, enamorados y felices.

Juntos, enamorados y felices, los dos se acercan para besarse. En ese momento, la voz de la Sra. Linares los interrumpe.

—¿María, están allí? —pregunta la Sra. Linares, un poco angustiada. Al estar su esposo de viaje, le toca a ella sola mantener las cosas en orden en la casa.

Es aparente que el amor futuro, presente, tiene que esperar. María acompaña a Felipe a la puerta, y los dos hacen una cita para verse al día siguiente.

Capítulo 11

Esa noche, mientras Jamie y María duermen tranquilamente, un ruido fuerte, de algo pesado que cae al suelo, las despierta.

—¿María, has oído ese ruido? —pregunta Jamie en voz baja.

—Sí, en el comedor.

—¿Vamos? —dice Jamie.

Las muchachas bajan con mucho cuidado. Al entrar al comedor, ven a un hombre que, al ver que ha sido descubierto, sale corriendo a la calle por la puerta que estaba entreabierta. Afuera, un hombre trata de interceptar su carrera, como si quisiera detenerlo, pero el ladrón logra meterse en el coche que le estaba esperando, desapareciendo en la oscuridad de la noche.

—Pero, ¿qué pasa? —pregunta la Sra. Linares, bajando al comedor alarmada.

—Entró un ladrón, mamá —dice María.

—Pero no encontró lo que buscaba —añade Jamie, sacando de la pierna de su pantalón la copia del testamento de doña Josefa que le había dado don Demetrio.

—¡Dios mío, nunca han pasado cosas así en esta casa! —exclama la Sra. Linares.

Ya casi de madrugada, la policía abandona la casa de los Linares tras terminar su reporte sobre otro robo frustrado.

CAPÍTULO 12
La abogada en la Ciudad de México

⊙ ⊙ ⊙

Al regresar el Sr. Linares de su viaje a la Ciudad de México, Jamie y Carlos deciden hacer su propio viaje a la capital. La Sra. Navarro tiene una amiga, la licenciada Carolina Beltrán, que posiblemente pueda ayudarle a Jamie a probar que el testamento de su bisabuela es válido.

Jamie y Carlos llegan temprano a la capital. Todavía tienen tiempo suficiente para visitar algunos de los lugares famosos de los que Jamie había leído antes de venir a México. Aunque el ritmo de vida en la capital vuelve a parecerle a Jamie muy rápido, y las calles muy congestionadas, ella se da cuenta de que, en muchos aspectos, la Ciudad de México y su gente guardan bastante de la gracia y elegancia de tiempos pasados, más tranquilos.

Carlos lleva a Jamie al Zócalo de México, y de allí al

Palacio Nacional. Los murales de Diego Rivera en el Palacio Nacional dejan a Jamie maravillada. Había visto fotos de estos murales en libros, pero verlos al natural con sus propios ojos es otra cosa. Jamie siente un orgullo profundo de su herencia mexicana, de ver la historia trágica y fascinante de México que Rivera representa con tanta majestuosidad y pasión.

Pero más aun que estos murales le conmueve el mural que encuentra en el Museo Mural Diego Rivera, en la Alameda. Es el famoso "Sueño de una tarde dominical en la Alameda Central," en el que Rivera se representa como un niño agarrado de la mano de la famosa Catrina de su propio maestro, José Guadalupe Posada.

Carlos había visto el mural cuando todavía estaba en el Hotel del Prado, que casi fue destruido en el terremoto de 1985.

—Lo han traído aquí, a su propio museo, para conservarlo —le explica Carlos a Jamie. Los dos contemplan la enorme obra de arte en silencio. Después de unos momentos, Carlos empieza a hablar de las figuras que aparecen en el mural:

—Son personajes famosos de la historia de México. Por ejemplo, éste es José Guadalupe Posada. Éste que está aquí es Porfirio Díaz, el último presidente antes de la Revolución. Y aquél que está allá es Francisco I. Madero, otro presidente. Por acá está la pintora mexicana Frida Kahlo, con Diego Rivera cuando era niño.

De repente, Jamie se fija en la figura que está en el centro del mural.

—¡La Catrina! —exclama Jamie, emocionada. Luego, pensando en su bisabuela, sigue hablando, algo preocupada—. Todo esto de mi bisabuela se ha complicado mucho. . . . ¿Puedes creer que yo sea la heredera de toda esa fortuna?

—Pues pareces una verdadera Catrina, Jamie —le contesta Carlos con cariño.

Ya es casi la hora de la cita con la licenciada Beltrán. Carlos y Jamie salen del museo y caminan al edificio moderno, no muy lejos, en donde se encuentra la oficina de la abogada.

Al llegar, Carlos da su nombre a la recepcionista. Dentro de unos minutos la puerta de la oficina de la abogada se abre, y una señora elegante sale para recibir a Carlos y a Jamie. Es la licenciada Beltrán, antigua compañera de escuela de la Sra. Navarro. En la Escuela de Leyes de la U.N.A.M., Carolina Beltrán fue la estudiante más brillante de su generación.

—Carlos, ¿cómo has estado? —dice la licenciada Beltrán—. ¿Cómo está tu mamá?

—Bien. Le manda saludos. Ella es Jamie González, la amiga de quien le hablé.

La licenciada y Jamie se dan la mano.

—Pero siéntense —les dice la abogada. Con gusto evidente, empieza a hablar del caso de Jamie—. He estudiado la copia del testamento que me mandaron y me ha fascinado. La herencia es muy grande y las propiedades valen mucho. Pero también tendrán que pagar mucho dinero al gobierno de México. Y tú, Jamie, tienes que vivir aquí.

—¿Me puede explicar? —pregunta Jamie, confundida.

—Miren —dice la abogada, sacando un papel en blanco en donde dibuja un gran círculo—. Todo esto es la herencia.

La abogada empieza a dividir el círculo, trazando líneas que indican varias porciones y explicando según dibuja lo que representa cada porción: —Esta parte es la

Hacienda la Jacaranda, ésta es el hotel y éstas son las otras propiedades. Esta parte es el dinero que deben pagar al gobierno. Como ven, es mucho dinero. Pero no es tan simple. En mi opinión, el testamento es válido. Sin embargo, Silvestre Aguilar usará todo su poder para conseguir quedarse con todo. El caso tiene que ser decidido en la corte, en Querétaro.

—¿Y usted nos puede ayudar? —pregunta Jamie ansiosamente.

—Me encantaría. Y como primer paso, hay que declarar válido el testamento de Josefa de González en la corte de Querétaro.

Al salir de la oficina, Jamie dice: —Todo esto me ha abierto un gran apetito.

—¿Por las propiedades de tu bisabuela? —le pregunta Carlos con una sonrisa.

—No tonto, por comer.

Y los dos van al restaurante favorito de Carlos en la capital, donde sirven comida casi, casi tan sabrosa como la del Arcángel.

CAPÍTULO 13
El juicio: Jamie contra don Silvestre

judgement/trial against (handwritten annotation)

o o o

juez = judge (handwritten annotation)

Los días pasan rápidamente. Jamie y Felipe están muy ocupados con trabajos y exámenes finales. Ya falta poco tiempo para que los dos regresen a los Estados Unidos. Pero antes de eso, queda el juicio de Jamie contra don Silvestre para recuperar la fortuna de La Catrina. La noche antes del juicio, Carlos quiere animar a Jamie. La lleva a cenar a uno de los restaurantes más elegantes de Querétaro.

En el restaurante, el mesero les explica las especialidades del día.

—Hoy tenemos un buen cóctel de camarones, y les sugiero después un bistec en salsa mexicana con papas asadas.

—Para mí, tráigame los camarones y las enchiladas, por favor —pide Jamie.

—Yo quiero arroz y pollo a la parrilla, por favor —dice Carlos.

Jamie ya se había acostumbrado a la comida mexicana de México. No era igual que la comida mexicana de Los Ángeles, pero tampoco era totalmente diferente. Podría compararlas y hacer un informe interesante para una de sus clases: ¿Cuáles son esas diferencias? Quizás en México se comen más mariscos y, aunque se usan los mismos ingredientes, la manera de prepararlos es diferente. ¿Quién sabe? Mientras comen, Jamie y Carlos hablan sobre lo que va a pasar en la corte de Querétaro al día siguiente.

—Tienes suerte, Jamie —le dice Carlos—. Esto sería realmente imposible de no ser por la candidatura de don Silvestre para las elecciones. No le gustaría ver en los periódicos: "Candidato acusado de robar a una joven descendiente de doña Josefa de González."

—¿Qué pensaría mi bisabuela de todo esto? —pregunta Jamie. Hace la pregunta como si estuviera hablando consigo misma, pero Carlos le responde en seguida.

—¡Ah, pensaría que eres una magnífica Catrina!

—Es cierto —dice Jamie sonriendo—. Estoy segura de que pensaría eso.

Es un nuevo día, y el momento decisivo por fin ha llegado. En la corte, el juez invita a los abogados de los dos

Silvestre's lawyer

lados a presentar sus argumentos. Primero habla el señor Manchado, que se ha preparado muchísimo para defender el caso de Silvestre Aguilar:

—Señor Juez, de parte de mi cliente, el honorable candidato al Congreso, sólo queremos declarar que el testamento es ilegal por tres razones. Primera, no tiene sello oficial. Segunda, no tiene firma de algún testigo o de algún abogado. Y tercera, las leyes de hoy no son las mismas que entonces.

oficial stamp

signature

witness

Silvestre Aguilar, sus asistentes y su hijo Paco se miran los unos a los otros con satisfacción.

Después, representando a Jamie, habla la licenciada Beltrán:

—Señor Juez, usted tiene los argumentos de mi cliente, la señorita Jamie González. El testamento es claro.

La licenciada saca la copia del testamento que los asistentes de Aguilar tanto trataron de robar. Luego, con serenidad, sigue:

—Leo: "Todas mis tierras y bienes pertenecen al primer miembro de mi familia que se presente en Querétaro." Para terminar su argumento, la abogada llama como testigo al señor Barbudo, el oficial de la oficina de impuestos de Querétaro:

—Señor Barbudo, ¿a nombre de quién están las tierras de Silvestre Aguilar, la Hacienda la Jacaranda y el Hotel Jacaranda?

—De doña Josefa de González —responde Barbudo.

El juicio: Jamie contra don Silvestre

idiot

Al oír esto, Silvestre Aguilar se enfurece.

—¡Imbécil! ¿Y quién paga los impuestos? ¡Yo! —le grita al pobre Sr. Barbudo, un hombre pequeño que obviamente le tiene muchísimo miedo. Después dirigiéndose al juez añade:

—Es una niña, una adolescente. No sabe nada de nuestras leyes.

El juez, perdiendo la paciencia, dicta sentencia:

—Yo sí sé de leyes, y he llegado a una conclusión. ¡El testamento es legal y claro! ¡Todas las tierras, la Hacienda Jacaranda, el Hotel Jacaranda de San Miguel de Allende, pertenecen a Jamie González, primer miembro de la familia González que está en Querétaro!

Aguilar no puede controlar su furia.

—¡Pero esto es una estupidez! —exclama incrédulo, mientras que sus asistentes y su hijo tratan de detenerlo.

El juez mira a don Silvestre con severidad y desdén, algo que el hacendado no está acostumbrado a ver, y añade:

—Usted ha abusado de las leyes quedándose ilegalmente con las propiedades de la familia González. Estoy seguro de que hoy hemos hecho justicia. ¡Caso concluido!

case closed

Todos los amigos de Jamie, igual de incrédulos que don Silvestre, aplauden sin poder esconder su felicidad. Carlos es el primero en abrazarla, luego María y por fin Felipe.

Esa misma noche, se celebra una gran fiesta en el Arcángel. Vienen todos los amigos de Jamie, hasta don Demetrio y Rogelio y . . . sí, ¡Santana! Jamie reconoce al

hombre que la seguía. Cuando don Demetrio le explica que él había empleado a Santana para protegerla de don Silvestre, Jamie abraza al viejo bibliotecario y le da las gracias.

Todos disfrutan de la música y la gran variedad de antojitos y refrescos. En medio de la alegría, Jamie de repente se pone seria. Carlos lo nota y trata de entender lo que pasa.

El juicio: Jamie contra don Silvestre

—Pero Jamie, has ganado el premio mayor. Mañana, cuando firmes los papeles, tú y tu familia serán ricas —le dice.

—No sé, Carlos. Todo esto me parece más complicado de lo que pensaba. Es muy importante que hable con mi familia —responde ella.

Después de la fiesta, Jamie no puede dormir. En sus conversaciones con su familia, que habían sido sólo tres desde su llegada a Querétaro, nunca les había contado nada de don Silvestre ni del testamento de La Catrina. No había querido preocupar a sus padres, ni arriesgar la posibilidad de que le exigieran que regresara a casa en seguida.

Pero ahora había llegado el momento de contarles todo. Afortunadamente, el final de la historia que les iba a contar era feliz, aunque nada, nada sencillo de comprender, y mucho menos de explicar.

to make decision - tomar una decisión

CAPÍTULO 14
La decisión de Jamie

⊙ ⊙ ⊙

La decisión del juez a favor de Jamie plantea problemas jamás anticipados por la joven Catrina. Por un lado, aceptar toda la herencia tiene grandes atractivos. A la familia de Jamie no le vendría nada mal ese dinero. Además aceptándolo todo sería cumplir con la voluntad de su bisabuela en su testamento.

Pero, por otro lado, aceptar todo cambiaría totalmente la vida de Jamie, y algunos cambios no serían fáciles. Sería necesario pagar unos impuestos enormes, como le había explicado la licenciada Beltrán. Y para *business* hacer eso tendría que entrar en el mundo de los negocios, vendiendo tierras y otros bienes.

Jamie tampoco podría seguir con su intención de ir a U.C.L.A. Ya no sería práctico. Siendo dueña de una fortuna tan grande, tendría que establecerse en México.

Ahora, esto también tiene sus ventajas: el país le fascina y, quizás más importante que nada, es donde vive su querido Carlos. Aunque la decisión sería suya según el testamento ("el primer miembro de la familia que se presente en Querétaro"), Jamie sabe que debe consultar con sus padres.

○

Es su padre quien contesta el teléfono.

—¿Qué tal, papá? Soy yo —dice Jamie.

—¡Hola, Jamie! ¡Espera un momento, voy a llamar a tu mamá!

Jamie oye a su mamá ponerse al teléfono.

—¡Ay Dios! —dice la Sra. González, angustiada, sintiendo que su hija ha llamado por una razón especial—. ¿Qué pasa, hija, que nos llamas así? ¿Hay algún problema? ¿Estás bien?

—Sí, estoy bien, mamá. Quiero consultar algo con ustedes. Espero que estén sentados, porque tengo noticias importantes. Papá, tenías razón: tu abuela era una mujer riquísima. Y ¿sabes qué? El testamento original me nombra la heredera de todo eso. . . .

—¡Imposible! —exclama el Sr. González.

—¡Es como de cine! —dice la Sra. González.

—Sí, es cierto —dice Jamie—. Son noticias fantásticas, pero . . .

—¿Pero qué? ¿Pasa algo malo? —pregunta la

Sra. González.

—Habla claro, Jamie. Dime, ¿qué es lo que te preocupa? —añade el padre.

—El problema es éste: si aceptamos toda la herencia, hay impuestos que pagar, muchos. Y si acepto, tendría que quedarme aquí y no podría asistir a U.C.L.A.

—Oh no, Jamie. ¿Cómo vas a perder esa oportunidad? —dice la Sra. González.

Ambos padres insisten unánimemente: —Tú tienes tu vida aquí. Debes pensar en tu futuro.

—Yo sé, yo sé. . . . Es una decisión muy difícil —dice Jamie.

Más tarde, cuando Jamie le explica a Carlos la decisión que tomaron sus padres y ella, el joven la mira totalmente sorprendido:

—Jamie, ¿estás segura de lo que quieres hacer? —dice Carlos.

—Sí. Ya que hablé con mis papás, me siento más tranquila.

—Con este tipo de decisiones, uno debe tener mucho cuidado. Puede venir un día en que cambies de opinión. ¿Se te ha ocurrido? —pregunta Carlos.

—Sí, es una decisión difícil, pero no creo que cambie de parecer, aunque nunca se sabe. Hoy estoy segura. Sé que mi familia me apoya, y eso me basta —insiste Jamie.

Al día siguiente, Jamie va a firmar los documentos para tomar posesión de su herencia. Al igual que Carlos la noche anterior, el juez tampoco puede creer lo que la joven declara:

—En nombre de mi bisabuela, doña Josefa de González, La Catrina, entrego la Hacienda Jacaranda y sus tierras a Operación Aztlán. El hotel quedará a nombre de mi familia. La hacienda servirá para la investigación agrícola, para proteger la salud de los campesinos y para producir frutas y cosechas más saludables. Los pesticidas ilegales que don Silvestre Aguilar usaba ya no se usarán. Ésta no es sólo una decisión mía, sino de toda mi familia. Y la única condición es que la Hacienda la Jacaranda vuelva a llevar el nombre que originalmente tenía: "Hacienda La Catrina." Y si mi bisabuela estuviera aquí, yo sé que le gustaría esta decisión.

Al salir de la corte, Carlos felicita a Jamie.

—Jamie, ya eres como La Catrina. Eres una verdadera heroína al entregar todo a Operación Aztlán.

Jamie lo corrige en seguida.

—No, ¿quién ha dicho que todo? El Hotel la Jacaranda, que ahora se llama "La Catrina," se queda en mi familia. Así podré venir a visitarte.

La decisión de Jamie

Jamie le explica a Carlos que el hotel en San Miguel de Allende le había encantado desde ese día cuando los jóvenes almorzaron allí. Era un hotel modesto pero muy bonito y sería una propiedad importante para su familia.

◉

Las despedidas en la estación del tren son difíciles. Felipe, sobre todo, con su típica inocencia y sencillez, parece sentir muchísimo el separarse de María.

—Me escribes, ¿no? —le dice María.

—María . . .

María pone su mano sobre los labios de Felipe. —No digas nada. Mejor me escribes y me cuentas.

En la cara de Felipe se ve una tristeza infinita.

—¡Ya, Felipe, ya! ¡Si no es el fin del mundo! —le asegura María, tratando de bromear—. ¡Estoy segura de que nos volveremos a ver!

Pero al subirse Felipe al tren, la cara de María también se llena de tristeza e inquietud.

Paco Aguilar se abre paso entre la multitud. De su bolsillo saca una cajita pequeña que le da a Jamie:

—Toma, este anillo perteneció a tu bisabuela.

En los ojos de Jamie hay una gran gratitud. Luego, volviéndose a Carlos le dice muy seria:

—Carlos, te quiero mucho.

—Yo también. Muy pronto te visitaré en Los Ángeles —le asegura Carlos.

Y con la esperanza de divertirse juntos tanto en el país de Jamie como en el de Carlos, se abrazan.

Justo antes de subirse al tren, Jamie saca algo de su bolsa. Es la foto de La Catrina que ella había traído desde Los Ángeles.

—Ten, es para ti —le dice a Carlos con ternura.

Al alejarse el tren, y ya cuando no puede ver a Jamie diciéndole adiós, Carlos mira la foto de doña Josefa de González. Es la cara de Jamie, una cara amable y preciosa. Carlos voltea la foto y lee lo que Jamie ha escrito como dedicatoria:

La decisión de Jamie

"Para Carlos Navarro, con amor; Jamie González, la nueva Catrina."

Mientras el tren sale de la estación, Jamie cree ver la figura de una mujer: una mujer elegante, vestida con ropa de otra época. Con una gran sonrisa, la mujer levanta la mano como para despedirse. En ese momento Jamie se da cuenta de que sus dedos son de hueso. . . . Tras una gran nube de polvo, la figura desaparece.

Notas culturales

Allende, Ignacio (1779–1811). One of the principal leaders of the Mexican Independence movement. He participated in several important battles before being captured and executed by Spanish government troops.

Aztlán. A mythical country north of Mexico. According to legend, the Aztecs, one of the largest and most advanced pre-Columbian civilizations, came from this place. Used here as the name of an environmental organization.

Catrina, La. Humorous term to describe a wealthy Mexican woman. It also refers to the woman's skeleton in the center of Diego Rivera's mural, "Dream on a Sunday afternoon in the Alameda Park" *(Sueño de una tarde dominical en la Alameda Central)*. In the mural, the skeleton is holding the hand of a young Rivera. Rivera included the skeleton as a tribute to the engraver José Guadalupe Posada, who created the figure to satirize the Mexican aristocracy during the rule of Porfirio Díaz.

Corregidora, La (1764–1829). María Josefa Ortiz de Domínguez, wife of the Corregidor (magistrate) of Querétaro, was also called La Corregidora. She is credited as being the one who effectively launched the war for Mexican independence. Unknown to her husband, Doña Josefa was active in the conspiracy for independence. She held literary salons in her residence that were a cover for conspirators' meetings. On September 13, 1810, when Spanish

Royalists learned of the independence conspiracy in Querétaro, Doña Josefa managed to send a warning to the conspirators in the towns of San Miguel (now San Miguel de Allende) and Dolores (now Dolores Hidalgo) so that they might escape. She, however, was sent to jail, as was her husband, the Corregidor.

Díaz, Porfirio (1830–1915). Mexican president from 1876 to 1880, dictator from 1884 to 1911. Díaz first distinguished himself on the Mexican national scene as a general at the Battle of Puebla on May 5, 1862 in Mexico's war against the French. The *Porfiriato* (period of his rule) was eventually overthrown by Francisco I. Madero at the start of the Mexican Revolution in 1910.

Hidalgo y Costilla, Miguel (1753–1811). Catholic priest and an important leader of the Mexican independence movement. Upon receiving word that the independence conspiracy had been uncovered in Querétaro, Hidalgo, a priest in the nearby town of Dolores, called together his Native American and mestizo (descendants of Spaniards and Native Americans) parishioners to a mass at dawn on Sunday, September 16, 1810. At this mass, he delivered his famous *Grito de Dolores*, which proclaimed Mexican independence from Spain. For a brief time, he led an army in important battles against the Spaniards. In March 1811, along with other independence leaders, Hidalgo was captured by the Spaniards near Monclova, Coahuila. He was tried, defrocked, and on July 31, 1811, executed by firing squad.

Kahlo, Frida (1907–1954). Mexican painter. Frida Kahlo began painting when she was nineteen, a year after suffering a traffic accident that left her in chronic pain. She produced more than two hundred paintings, mostly self-portraits referring to contemporary and feminist issues. The Mexican government has declared her work part of the national heritage. She was married to muralist Diego Rivera.

Madero, Franciso I. (1873–1913). Mexican president from 1911 to 1913. In 1910, Madero led the movement that ended Porfirio Díaz's rule. He was deposed by a military uprising and assassinated.

Maximilian of Hapsburg, Ferdinand (1832–1867). Austrian archduke and Emperor of Mexico from 1864 to 1867. Installed as Emperor of Mexico by French Emperor Napoleon III, Maximilian was abandoned by his French allies in late 1866. On May 15, 1867, he surrendered to Benito Juárez's army in Querétaro. On June 19, 1867, he was executed by firing squad at the Cerro de las Campanas, now part of the campus of the Universidad Autónoma de Querétaro.

Posada, José Guadalupe (1851–1913). An engraver and print shop owner in Mexico City, Posada is known today for his many engravings depicting *el Día de los Muertos* (Day of the Dead, or All Souls' Day). His skeletal figures present an ironic, humorous view of this Mexican celebration.

Querétaro (pop. est. 750,000). Querétaro is the capital of the state of Querétaro, located in the central part of Mexico known as the Bajío. Founded in 1526 by Spaniard Hernán Bocanegra, it has also been the site of several major episodes in Mexican history. The central part of the city consists of historic plazas, houses, churches, fountains, and monuments. The symbol of the city is a magnificent aqueduct dating from the eighteenth century.

Rivera, Diego (1886–1957). Rivera, along with David Siqueiros (1898–1974) and José Clemente Orozco (1883–1949), is recognized as one of Mexico's outstanding twentieth-century muralists. Rivera's works, many of which are found in government and public buildings, vividly depict the life, history, and social issues of his country.

San Miguel de Allende (pop. est. 55,000). Located in the Bajío, San Miguel de Allende was established as an Indian mission, San Miguel de los Chichimecas, by Franciscan friars in the sixteenth century. Its modern name honors Ignacio Allende, the town's most celebrated native son. San Miguel de Allende has been declared a national monument by the Mexican government for its colonial architecture. Its historic charm and pleasant climate have attracted artists and intellectuals from around the world since the 1950s.

Verbos

The following verb chart is intended only as a reference for this novel.

Regular verbs

hablar
 Present indicative: hablo, hablas, habla; hablamos, habláis, hablan
 Present subjunctive: hable, hables, hable; hablemos, habléis, hablen
 Preterite: hablé, hablaste, habló; hablamos, hablasteis, hablaron
 Imperfect: hablaba **Imperfect subjunctive:** hablara
 Future/Conditional: hablaré/hablaría **Present perfect:** he hablado
 Present perfect subjunctive: haya hablado
 Pluperfect: había hablado **Pluperfect subjunctive:** hubiera hablado
 Tú/Ud./Uds. commands: habla, no hables/(no) hable/(no) hablen
 Participles: hablando, hablado

beber
 Present indicative: bebo, bebes, bebe; bebemos, bebéis, beben
 Present subjunctive: beba, bebas, beba; bebamos, bebáis, beban
 Preterite: bebí, bebiste, bebió; bebimos, bebisteis, bebieron
 Imperfect: bebía **Imperfect subjunctive:** bebiera
 Future/Conditional: beberé/bebería **Present perfect:** he bebido
 Present perfect subjunctive: haya bebido **Pluperfect:** había bebido
 Pluperfect subjunctive: hubiera bebido
 Tú/Ud./Uds. commands: bebe, no bebas/(no) beba/(no) beban
 Participles: bebiendo, bebido

vivir
 Present indicative: vivo, vives, vive; vivimos, vivís, viven
 Present subjunctive: viva, vivas, viva; vivamos, viváis, vivan
 Preterite: viví, viviste, vivió; vivimos, vivisteis, vivieron
 Imperfect: vivía **Imperfect subjunctive:** viviera
 Future/Conditional: viviré/viviría **Present perfect:** he vivido
 Present perfect subjunctive: haya vivido **Pluperfect:** había vivido
 Pluperfect subjunctive: hubiera vivido
 Tú/Ud./Uds. commands: vive, no vivas/(no) viva/(no) vivan
 Participles: viviendo, vivido

Vocabulario
Español - Inglés

◉ ◉ ◉

NOTE: The following vocabulary list is intended only as a reference for this novel. Words that are similar in form and meaning (cognates) in English and Spanish are not included. Definitions reflect usage within the context of the novel.

A dash (—) represents the main entry word. For example, **busca: en — de** means: **en busca de.**

A

al + *verb* on/upon + *verb* + -ing

abajo below, beneath

el **abogado, la abogada** lawyer

abrazar *(z → c)* to embrace, to hug

abrir to open

el **abuelo, la abuela** grandfather, grandmother

acabarse to be finished

el/la **accionista** stockholder

acercarse *(c → qu)* to approach

aclarar to make clear

aconsejar to advise

acostarse *(o → ue)* to go to bed

acostumbrarse a to become accustomed to

el **acuerdo** agreement

adelante (go) forward, ahead

además in addition

la **advertencia** warning, notice

el **aficionado, la aficionada** enthusiast, fan

afuera outside

agarrado, -a holding on to

agitado, -a upset

agradable pleasant

agradecer *(c → zc)* to thank

agradecido, -a grateful

agregar to add, to attach

la **alameda** walkway with poplar trees

alcanzar *(z → c)* to reach, to attain

alegrarse to be glad

alejarse to go/move away

algo something; somewhat

algunos, -as some

el **alivio** relief

Allende, Ignacio see Notas culturales

el **alma** *(f.)* soul

almorzar *(o → ue)* to have lunch

alrededor around

alto, -a tall; high

alto: en — up high

amable kind, friendly

amanecer to dawn

amenazar to threaten

la **amistad** friendship

el **amor** love

el **anillo** ring

animado, -a lively, cheerful

animar to cheer up

el **antepasado, la antepasada** ancestor

antes (de) before

el **anticuario, la anticuaria** antique dealer

la **antigüedad** antique, antiquity

antiguo, -a old; former

antipático, -a disagreeable

antojarse to feel like

el **antojito** snack, appetizer

el **anuncio** advertisement

añadir to add

aparecer to appear

apartarse to move away

apenas scarcely

apoderarse to take possession

apoyar to support, to help

aprender to learn

aprovechar to take advantage of

arbolado, -a wooded

el **archivo** file; filing cabinet

armar to raise, to cause

arrancar *(c → qu)* to start *(car)*

arreglar to arrange, to tidy up

arreglarse to fix oneself up, to get ready

arriesgar to risk

el **arroz** rice

asar to roast

asegurar to assure, to insure

el **asiento** seat

asistir to attend

asomarse to peek out

asombrado, -a surprised, amazed

el **asunto** matter

asustar to frighten

atender *(e → ie)* to attend (to)

el **atletismo** track *(sport)*

atraer to attract

atrás: de — from the back, behind

aun even

aunque though

avanzar *(z → c)* to advance

averiguar to find out

el **aviso** notice, notification

ayudar to help

Aztlán see Notas culturales

B

la **bahía** bay

bajo, -a short, low

barbudo, -a bearded

bastante quite (some), enough

bastar to be enough

bello, -a beautiful

besar to kiss

el **bibliotecario, la bibliotecaria** librarian

los **bienes** goods, possessions

la **bienvenida** welcome

el	billete ticket	la	cara face
el	bisabuelo, la bisabuela great-grandfather, great-grandmother	el	carácter personality, character
la	boca mouth	el	cariño care, affection
el	bolígrafo ballpoint pen		caro, -a expensive
el	bolsillo pocket	la	carretera highway
	bondadoso, -a generous	la	carta letter
la	botica medicine cabinet	el	cartel poster
	brillar to shine	la	cartera briefcase
la	broma joke, trick		casi almost
	bromear to joke		castaño, -a chestnut-brown
	bueno, -a good	la	casualidad coincidence
	busca: en — de in search of	la	Catrina see Notas culturales
	buscar (c → qu) to look for	la	cebolla onion

C

			celos: tener — to be jealous
el	caballero gentleman		cenar to have dinner
el	cabello hair	el	centro downtown; center
la	cabeza head		cerca close, near
la	cabina telephone booth	la	cerradura lock
	cada each		cerrar (e → ie) to close
	caer to fall		chiflar to whistle
	café coffee (color)	los	chilaquiles Mexican tortilla dish
el	cajero, la cajera cashier	el	chisme gossip
el	cajón drawer	el	cielo heaven; sky
la	calavera skull		cierto, -a certain; true
la	calidad quality	el	cine movie theater, movies
la	calle street	la	cita date
la	cama bed	la	ciudad city
el	camarón shrimp		claro of course
	cambiar de opinión/ parecer to change one's mind		claro, -a clear, light
el	cambio change	el	clima (m.) climate
	caminar to walk		cobrar to charge (a purchase)
el	campesino, la campesina peasant, farmer	la	cocina kitchen
el	campo country(side)	el	cocinero, la cocinera cook
la	candidatura candidacy		coger (g → j) to grasp, to catch, to seize
el	capitalino, la capitalina resident of the capital (Mexico City)		colgar (o → ue) to hang (up)

Vocabulario

117

la **colina** hill
comenzar *(e → ie)* to start, to begin
comer to eat
el **comercio** business
la **comida** food
como like; since; as
cómodo, -a comfortable
el **compañero, la compañera** classmate
compartir to share
complacer *(c → zc)* to please
el/la **cómplice** accomplice
el **comportamiento** behavior
comprar to buy
comprobar *(o → ue)* to check
concurrir to meet, to go someplace
la **confianza** confidence, trust
confiar to trust
congestionado, -a overcrowded
conmover to move *(emotionally)*
conocer to know, to be acquainted with
conseguir *(e → i)* to get, to obtain
el **consejo** advice
consentido, -a spoiled, pampered
conservar to preserve
la **consulta** visit *(to a doctor)*; office
contar *(o → ue)* to tell
contar con to rely upon
contener to contain
el **contestador automático** answering machine
contra against

contradecir *(e → i)* to contradict
contratar to hire
el **corazón** heart
el **Corregidor, la Corregidora** see Notas culturales
corregir *(g → j)* to correct
correr to run
cortar to cut
la **corte** court of law
la **cortesía** courtesy
la **cosecha** harvest
costa: a toda — at all costs
la **costumbre** custom
creer to believe
criarse to grow up, to be raised
la **criatura** creature
la **cuadra** city block
cualquier any
el **cuarto** room
cubrir to cover
el **cuchillo** knife
la **cuenta** bill, check
el **cuidado** care, carefulness
la **cumbre** top, summit
cumplir to carry out, to complete

D

el **daño** harm
dar to give
darse cuenta to realize
darse prisa to hurry up
el **dato** fact
deber ought to, should
débil weak
decir to say, to tell
el **dedo** finger
defenderse *(e → ie)* to defend, to take care of oneself

dejar to leave (behind)
dejar de to stop (doing something)
delante in front
delgado, -a slender
los/las demás the others, the rest
demasiado too (much)
demasiado, -a too many
denotar to indicate
dentro inside
deportivo, -a sport, sporting
deprimir to depress
el **desafío** defiance
desafortunado, -a unfortunate
desayunar to have breakfast
descansar to rest
descubrir to discover
desde from, since
el **desfile** parade
desgraciado, -a shameless, unfortunate
el **despacho** office
la **despedida** farewell; firing
despedir *(e → i)* to fire
despedirse *(e → i)* to say goodbye
despertarse *(e → ie)* to wake up
después (de) after
el **destino** future, destiny
destino: con — a bound for
destruir *(i → y)* to destroy
detener to arrest, to detain
detenerse to stand still, to stop
devolver *(o → ue)* to return *(something)*
devorar to devour

D.F. Distrito Federal (Mexico City)
el **día** *(m.)* day
la **diadema** ornament *(hair)*
el **diario** diary
Díaz, Porfirio see Notas culturales
dibujar to draw
el **dibujo** drawing
dictar to order, to pronounce
difunto, -a deceased
digno, -a worthy
el **diputado, la diputada** representative
dirigirse a *(g → j)* to head for; to speak to
la **disculpa** excuse
discutir to argue, to discuss
disfrutar to enjoy
el **disgusto** quarrel
divertirse *(e → ie)* to have fun
el **doblaje** dubbing
doblar to turn
dominical Sunday
el **dormitorio** bedroom
dormir *(o → ue)* to sleep
la **duda** doubt
el **dueño, la dueña** owner
la **dulcería** candy store
la **dulzura** sweetness
durante during
durar to last

E

echar to throw
la **edad** age
el **edificio** building
ejercer *(c → z)* to exercise
el **elote** ear of corn
empacar *(c → qu)* to pack
empezar *(e → ie)* to begin

emplear to use; to hire
emprender to undertake
la empresa business
enamorarse de to fall in love with
el encaje lace
encantar to enchant; to delight
encargarse de to take responsibility for
encender *(e → ie)* to light, to turn on
encerrar *(e → ie)* to lock up
encima above, on top of
encontrar *(o → ue)* to find
encontrarse to meet
enfurecerse *(c → zc)* to become angry
enfermarse to become sick
enfrentar to confront
enfrente (de) in front (of)
enseñar to show
entender *(e → ie)* to understand
enterado, -a aware of
enterarse to learn, to find out
entonces then, at that time
entrar to enter
entre between, among
entreabierto, -a ajar
entregar *(g → gu)* to hand over
entrevistar to interview
entristecerse to become sad
entusiasmarse to get excited (about)
enviar to send
envidiar to envy
la época period, time
el equipaje baggage

escoger *(g → j)* to choose
esconder to hide
escribir to write
el escritorio desk
escuchar to listen (to)
la escuela school
el esfuerzo effort
la esperanza hope
esperar to wait (for); to hope; to expect
el esposo, la esposa husband, wife
el esqueleto skeleton
la esquina corner
establecerse *(c → zc)* to set up, to settle
el/la estadounidense American
estar to be
el estilo style
estimar to respect
evitar to avoid
exigir to demand
el éxito success
experimentar to experience
explicar *(c → qu)* to explain
expulsar to expel, to throw out
el extranjero, la extranjera foreigner
extraño, -a strange

F

fácil easy
faltar to be left; to lack
la farmacia drugstore
fastidiado, -a annoyed, bored
la fecha date *(calendar)*
felicitar to congratulate
feliz happy
fijarse to notice

fijo, -a fixed
firmar to sign
florecer *(c → zc)* to bloom
el florero vase
el fondo bottom
forzar *(o → ue)* to force
fracasado, -a failed
la frase sentence
freír *(e → i)* to fry
frente (in) front
el frijol bean
frío, -a cold
fuerte strong; loud
fugarse to escape
el funcionario, la
funcionaria bureaucrat
fusilado, -a executed by
firing squad
el fútbol soccer

G

ganar to earn, to win
garantizar *(z → c)* to
guarantee
el gasto expense
la gente people
gentil pleasant
el gesto gesture
el gobierno government
gordo, -a fat
gozar *(z → c)* to enjoy
el grabado engraving
gracioso, -a funny
grande big; great
gritar to shout
grueso, -a thick, heavy
guapo, -a good-looking
guardar to keep
gustar to like, to be
pleasing to
gusto: a — comfortable

H

haber to have *(auxiliary
verb)*
el/la habitante inhabitant
hablar to speak
hace + *time* . . . ago
el hacendado, la hacendada
property owner
hacer to do, to make
hacer juego con to go
with, to match
hacia toward
la hacienda ranch
el hambre *(f.)* hunger
hasta until
hay que one/we must
el heredero, la heredera heir,
heiress
la herencia inheritance
el hermano, la hermana
brother, sister
hermoso, -a beautiful
Hidalgo, Miguel see
Notas culturales
el hijo, la hija son, daughter
la hipoteca mortgage
la hoja sheet; leaf
el hombre man
el hombro shoulder
honrar to honor
la hora hour
hoy today
el hueso bone
el huevo egg
huir *(i → y)* to flee
el humo smoke

I

el idioma language
igual: al — que just as/like
igualmente equally
la imagen image

imponer to impose
importar to be important; to matter
el impreso printed matter; form
el impuesto tax
inclinar to bend; to lower
incluso including; even
incómodo, -a uncomfortable
indicar to point to, to indicate
indígena indigenous
inesperado, -a unexpected
el informe report
los ingresos income
la inquietud worry
intentar to try
el intercambio exchange
inútil useless
el inversor, la inversora investor
ir to go
irse to leave

J

jamás never
el jefe, la jefa boss
joven young
el/la joven young man, young woman
el juego game
el/la juez judge
jugar *(u → ue)* to play
el jugo juice
el juicio judgment; trial
juntos together
jurídico, -a legal
justamente exactly

K

Kahlo, Frida see Notas culturales

L

el lado side
el ladrón, la ladrona thief
la lágrima tear
lanzar *(z → c)* to throw
lastimarse to hurt oneself
latir to beat *(heart)*
le, les (to) you/him/her/it, them
la lealtad loyalty
leer to read
la legumbre vegetable
lejos far away
la lengua language
lento, -a slow
la letra letter of the alphabet
el letrero sign
levantar to lift, to raise
levantarse to get up
la ley law
libre free
la libreta notebook
el libro book
el licenciado, la licenciada professional title; lawyer
el limón lemon
limpio, -a clean
lindo, -a pretty
la línea line
la linterna flashlight
el lío mess, confusion
liso, -a straight
listo, -a ready
llamar to call
llegar *(g → gu)* to arrive
lleno, -a full
llevar to bring; to take
llorar to cry

lo/la, los/las you/him/
   her/it, them
lo que what
localizado, -a located
loco, -a crazy
lograr to achieve, to
   manage
la lucha fight
el lugar place
el lujo luxury
el luto mourning
la luz light

M

la madera wood
Madero, Francisco I. see
   Notas culturales
la madrugada dawn; early
   morning
el maestro, la maestra
   teacher
la maleta suitcase
el mal evil
malo, -a bad
manchar to spot, to stain
mandar to send (for), to
   order
manejar to drive
la manera way
la maniobra maneuver
la mano hand
mantener to keep (up)
mantenerse to support
   oneself
mañana tomorrow
la mañana morning
maravillado, -a amazed
marcharse to leave
el marido husband
el marisco seafood
más more
matar to kill

Maximiliano see Notas
   culturales
mayor older
la mayoría most, majority
la medida measure
el medio center, middle
mejorar to improve, to
   make better
menear to shake
el mensaje message
mensual monthly
mentir (e → ie) to lie
el mercado market
mero, -a real
el mes month
el mesero, la mesera waiter,
   waitress
la meta goal
meterse to interfere
la mezcla mixture, blend
mezclar to mix
el miedo fear
el miembro member
mientras while
el milagro miracle
la mirada look
mirar (a) to look (at)
mismo, -a same
el modo way, means
molestar to bother
moreno, -a dark
morir (o → ue) to die
mostrar (o → ue) to show
el muchacho, la muchacha
   boy, girl
el mueble piece of furniture
la muerte death
la mujer woman
la multa ticket, fine
la multitud crowd
el mundo world
muy very

N

nacer *(c → zc)* to be born
nada nothing
nadar to swim
nadie nobody
la naranja orange
la navaja knife, dagger
negarse to refuse
el negocio business
ni . . . ni neither . . . nor
el nieto, la nieta grandson, granddaughter
ninguno, -a none
la niñez childhood
el niño, la niña child
el nivel level
la noche night
nombrar to name
el noviazgo courtship
el novio, la novia boyfriend, girlfriend
la nube cloud
nublado, -a cloudy
nuestro, -a our, of ours
nuevo: de — again
nunca never

O

obedecer *(c → zc)* to obey
la obra de arte work of art
obrar to work
ocuparse to see to, to take charge of
el odio hate
ofrecer *(c → zc)* to offer
oír to hear
ojalá I hope, let's hope
el ojo eye
el olor smell
olvidar to forget
opinar to believe, to think
oponer to oppose

el orgullo pride
orgulloso, -a proud
oscuro, -a dark
otro, -a other, another

P

los padres parents
pagar *(g → gu)* to pay
el país country
el paisaje countryside; landscape
el pájaro bird
la palabra word
el pantalón pants
el papeleo paperwork
para for; in order to
pararse to stand up
parecer *(c → zc)* to seem
el parecer opinion
la pared wall
la pareja couple
el pariente, la parienta relative
la parrilla grill
la partida departure
el pasado past
el pasajero, la pasajera passenger
pasar to happen; to pass; to spend *(time)*
paseo: dar un — to take a walk
el pasillo hallway
el pastel pastry
el patrón, la patrona boss
el pedazo piece, chunk
pedir *(e → i)* to ask for
la pelea fight
la película movie
el peligro danger
peligroso, -a dangerous
peor worse

pensar *(e → ie)* to think
pequeño, -a small
el **perder** *(e → ie)* to lose
el **periódico** newspaper
el **personaje** character *(of a play or movie)*
pertenecer a *(c → zc)* to belong to
la **pesadilla** nightmare
pesado, -a heavy; bothersome
pesar to weigh
pesar: a — de (que) in spite of (the fact that)
el **pescado** fish *(dish)*
el **pesticida** pesticide
la **pierna** leg
pintar to paint
la **piscina** swimming pool
planchar to iron
plantar to place; to plant
platicar *(c → qu)* to chat
el **plato** dish
la **población** population
pobre poor
poco, -a little
poder *(o → ue)* to be able to
poderoso, -a powerful
el **pollo** chicken
el **polvo** dust
poner to put
ponerse to become; to set *(sun)*
ponerse de pie to stand (up)
por for, by, through
por eso that's why
por supuesto of course
por todos lados everywhere
porque because
portarse to behave

Posada, José Guadalupe see Notas culturales
el **prado** field
el **precio** price
preguntar to ask *(a question)*
el **premio** prize
preocuparse to be worried
la **prepa(ratoria)** high school
presentar to introduce; to present
la **presión** pressure
primero, -a first
el **principio** beginning
probar *(o → ue)* to try; to taste
la **propiedad** property
el **propietario, la propietaria** owner
propio, -a own
proteger *(g → j)* to protect
provocar *(c → qu)* to cause
próximo, -a next
la **prueba** test
el **pueblo** town
el **puesto** position
el **punto** point

Q

quedarse to stay, to remain
quejarse to complain
querer *(e → ie)* to love; to want
Querétaro see Notas culturales
querido, -a dear
el **queso** cheese
el **químico, la química** chemist
los **químicos** chemicals
quizás perhaps

R

la **rabia** anger, fury
la **raíz** root
   raso, -a smooth
el **rato** short while
la **razón** reason
   razón: tener — to be right
   realizarse *(z → c)* to take place; to come true
el **rebozo** shawl
el **recado** message
   recibir to receive
   reclamar to claim, to demand
   recoger *(g → j)* to pick up; to gather
   recordar *(o → ue)* to remember
el **recuerdo** souvenir
   recuperar to recover
   reemplazar *(z → c)* to replace
   reflexionar to think about
el **refresco** soft drink
el **regalo** gift
el **regazo** lap
la **regla** rule
   regresar to return, to go back
   reír *(e → i)* to laugh
   relatar to tell
el **reloj** watch, clock
el **remedio** remedy, solution
el **renglón** line
   repente: de — suddenly
   replicar *(c → qu)* to reply
el **reposo** rest
   rescatar to rescue
   resfriarse to catch a cold
   respecto a with respect to
   respirar to breathe
la **respuesta** answer

   resultar to end up, to result
el **retrato** picture; portrait
   reunirse to gather, to meet
el **revisor, la revisora** conductor
la **Revolución (Mexicana)** Mexican Revolution of 1910
   revuelto, -a scrambled
   rico, -a rich
el **riesgo** risk
el **rincón** corner
la **riqueza** treasure, richness
la **risa** laugh
   Rivera, Diego see Notas culturales
   rizado, -a curly
   robar to rob
   rodear to surround
   romper to break
la **ropa** clothes
el **rostro** face
   rubio, -a blonde
el **ruido** noise
el **rumbo** direction

S

   saber to know
el **sabor** flavor, taste
   sabroso, -a tasty
   sacar *(c → qu)* to take out
la **sala de clases** classroom
la **salida** departure
   salir to leave, to go out
la **salud** health
   saludar to greet
el **saludo** greeting
   salvar to save, to rescue
la **sangre** blood
   sano, -a healthy
   santo, -a holy, saintly

satisfecho, -a satisfied
se + *verb* is/are + *verb*
la sede headquarters
seguida: en — right away
seguir *(e → i)* to follow
según according to
seguro, -a safe; sure
el sello stamp, seal
la semana week
sencillo, -a simple
sensato, -a sensible
sentarse *(e → ie)* to sit
down
sentirse *(e → ie)* to feel
ser to be
servicial obliging, helpful
servir *(e → i)* to serve
siempre always
el siglo century
significar *(c → qu)* to mean
siguiente following, next
simpático, -a nice, friendly
simpatizar *(z → c)* to get
along
sin embargo however
el sinfín endless series
sino rather
el sitio place
sobre over; about; on
el sol sun
solas: a — alone
soler *(o → ue)* used to
la solicitud application
solo, -a alone
sólo only
la sombra shadow
sonar *(o → ue)* to sound
soñar *(o → ue)* to dream
sonreír *(e → i)* to smile
la sonrisa smile
soportar: no — to not
tolerate
sorprender to surprise

la sorpresa surprise
sospechar to suspect
el sostén support
su, sus your/his/her/its,
their
suave soft
subirse to get on
suceder to happen
sucio, -a dirty
el suelo ground
el sueño dream
la suerte luck
sufrir to suffer
sugerir *(e → ie)* to suggest
suponer to suppose
supuesto: por — of course
suyo, -a his, hers; yours;
theirs

T

tal such
el tamaño size
también also
tanto, -a as/so much
tarde late
la tarde afternoon
la tarjeta card
el té tea
el tema *(m.)* topic, subject
temblar *(e → ie)* to tremble
el temor fear
temprano early
tendido, -a laid out
tener to have
tener que ver con to have
to do with
terminar to finish
la ternura tenderness,
affection
el terremoto earthquake
el testamento will
el/la testigo witness

Vocabulario

tiempo: a — on time
el   tiempo weather; time
la   tienda store
tierno, -a tender
la   tierra land
tocar *(c → qu)* to touch; to play *(music)*
todavía still
todo, -a all
tomar to take
la   tontería foolishness
tonto, -a foolish
torpe clumsy
la   torta cake
el   trabajador, la trabajadora worker
trabajar to work
el   trabajo work, job
traer to bring
traicionar to betray
trasladarse to move
tratar (de) to try (to), to attempt
tratarse de to be about
la   trenza braid
triste sad
la   tristeza sadness
tropezar *(e → ie) (z → c)* to trip

U

último, -a last
único, -a only
unos, -as some; a few
útil useful

V

valer to be worth
valiente brave
valioso, -a valuable
el   valor courage
la   vejez old age

la   veladora votive candle
vender to sell
el   veneno poison
la   venganza revenge
venir *(e → ie)* to come
la   ventaja advantage
la   ventana window
la   ventanilla train window
ver: a — let's see
el   verano summer
¿verdad? right?, true?
la   verdura greenery
vestirse *(e → i)* to get dressed
la   vez time, occurrence
vez: a la — at the same time
vez: de — en cuando from time to time
viajar to travel
el   viaje trip, journey
el   vicio vice
la   vida life
vigilar to watch over
el   virrey Viceroy
la   vista view; sight
vista: a plena — in full view
vivir to live
vivo, -a living, alive
voltear to turn around
la   voluntad will, wish
volver *(o → ue)* to return
la   voz voice
el   vuelo flight
vuelta: estar de — to be back

Y

ya already; anymore; now